Seven Deadly Sins

21

NAKABA SUZUKI

Inhalt

BOAR HAT
The Seven Deadly Sins

KAPITEL 163: DIE PRINZESSIN UND DIE HEILIGE

Regel Nummer eins beim großen Fight-Fest...
Alle Waffen, schmutzigen Tricks und jede Form von Magie sind erlaubt!
Regel Nummer zwei: Gewonnen hat...
... wer das gegnerische Team gekillt, schachmatt gesetzt oder von der Plattform geschubst hat!
KRK
Kyah ...
BRÖCKEL BRÖCKEL

Gloxinia!! Elizabeth hat mit der Sache nichts zu tun!! Lass sie gehen!!!
Wenn du Elaine auch nur ein Härchen krümmst, mach ich Hackfleisch aus dir!!!
Das entscheidest nicht du, sondern wir, Meliodas!
Und Mr Stachelhaar!
Sehr bedauerlich, aber sie wurden in dem Moment zu Teilnehmerinnen, als sie einen Fuß ins Labyrinth gesetzt haben.
Hehe!
DASH
Ts!
BWOSH
!!!
ZUCK ZUCK
Regel Nummer drei: Es ist strengstens verboten, vom Wettkampf zurückzutreten!!!

Sir Meliodas!! Macht Euch um mich keine Sorgen!!
Konzentriert Euch jetzt lieber auf Euch selbst!!
pfeif Hast du gehört? ♪
Ich habe mich entschieden...
... stärker zu werden, damit ich für immer bei ihm bleiben kann!!
Ban, bei mir ist auch alles gut!
Wie Elizabeth sagte: Konzentrier dich lieber auf deinen eigenen Kampf!!
Hast du gehört? ♪
Woher weißt du, wie ich heiße...?

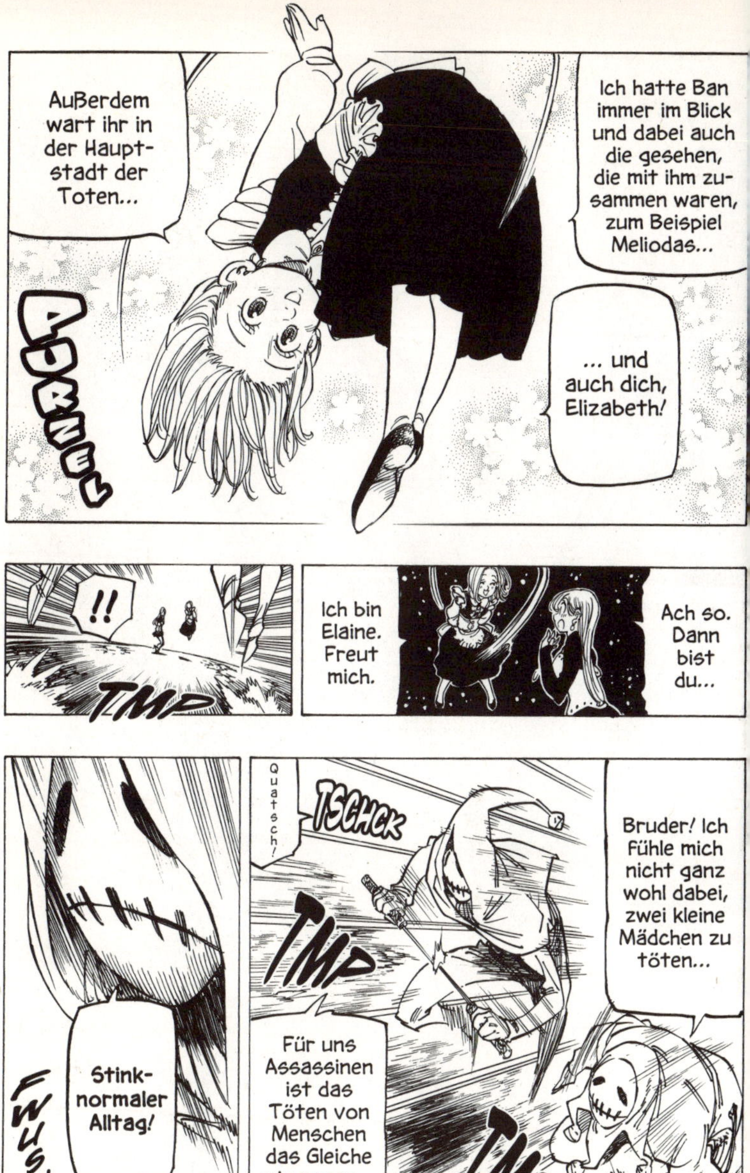
Ich hatte Ban immer im Blick und dabei auch die gesehen, die mit ihm zusammen waren, zum Beispiel Meliodas...
... und auch dich, Elizabeth!
Außerdem wart ihr in der Hauptstadt der Toten...
PURZEL
Ach so. Dann bist du...
Ich bin Elaine. Freut mich.
!!
TMP
Bruder! Ich fühle mich nicht ganz wohl dabei, zwei kleine Mädchen zu töten...
TMP
TSCHCK
Quatsch!
TMP
Für uns Assassinen ist das Töten von Menschen das Gleiche wie essen...
Stink-normaler Alltag!
FWUSH

Ihr habt recht, es ist stink-normaler Alltag...

BADWOSH

... gegen Menschen wie euch zu kämpfen...
FWOOOOOSH
URGH ...
AAAAAAAH!!!
»Zorn der Brise«!
DADONK
DADONK
DADONK
Was zum ...?!
RRRRSH

Zumin-
dest
für mich
Heilige
aus dem
Wald des
Feenkö-
nigs!!
B...
Bruder!
TAP
D...Du... bist...
die Heilige aus
dem Wald des
Feenkönigs?
Quatsch! Die
gibt's doch nur
im Märchen...
RAPPEL
Elaine,
du bist
klasse!
Ja, sie
ist echt
toll!
HI
HI

Hihi! Du bist wirklich so ehrlich und direkt, wie ich es mir vorgestellt hatte!
FWAH
W... Wirklich?
Ja!
Hihi!
Weißt du, ich war auch neugierig, wie wohl die Liebste von Sir Ban so ist...
Du bist noch viel cooler, als ich dachte!
Du meinst »Sir Ban, bei dem man nie weiß, was in ihm vorgeht«?
S... Sorry!
FUCHTEL FUCHTEL
Okay.
Mir geht's genauso...
Mit »Sir Meliodas, bei dem man nie weiß, was in ihm vorgeht«!
ZWINKER

PRUST
Hihihi! Du hast recht!
Was macht ihr in Byzel? Wurdet ihr aus Versehen ins Labyrinth hineingezogen?
Nein, wir haben eine wichtige Sache zu erledigen...
Wir sind hier, um die Invasion der Zehn Gebote aufzuhalten, die aus ihrer Versiegelung erwacht sind!
RSH
RSH RSH
RSH RSH
Die Zehn Gebote ...
Wieso ist der erste Feenkönig nun einer von ihnen?
Und weil...

... es sich »nach Spaß anhört«...
... um es in Sir Meliodas' Worten auszudrücken.
STOLPER
D...
Das könnte auch von Ban sein...
Die beiden sind nicht umsonst die besten Freunde!
LACH
BWONK
SWOSH
BWONK
?
Jetzt ist aber Schluss mit dem albernen Mädchengeschnatter!
KULLER KULLER
BOOM

HUST HUST
Ein Rauchschleier ...
Elai ...
HUST
Weg hier ...
Vergiss es, Kleine!
Du wirst nun sterben, damit sich der Herzenswunsch des Volkes von Malachia erfüllen kann!
SCHLÄNGEL
!
»Peitsche der Giftschlange«!
SCHNAPP
AU
DOSH

Bruder, ich hab eine von ihnen erledigt!
Dann ist jetzt nur noch die Heilige übrig...
Elizabeth! Antworte doch! Elizabeth!!!
Das war's!!

!!!
ERTSTARR
Hä?! Warum?! Ich hab doch meine Anwesenheit verschleiert und mich von hinten angeschlichen!
Wenn du gegen mich kämpfst, reicht das nicht... Du musst auch die Stimme deines Herzens zum Schweigen bringen!
ZUCK
Sie fliegt über uns?!
»Zorn des...
...Herbstwinds« !!!

BA
BOOM
QUALM RAUCH QUALM
Kwah...

KRIECH
Du musst den Herzenswunsch ...
B... Bruder?!
... erfü...
Eliza-beth ?!
Eliza-beth!!
GUCK
TAP
TAP
Bruder... Lass mich nicht allein! Du darfst nicht sterben!
Bruder !!!
Ah! Ein Glück!!
TACK
Ah... Wieso lebst du noch?!
Das Gift sollte dich längst umgebracht haben!
Geh mal weg!
...

SSSSSH
D... Diese pulsie-rende Magie ...
!!
HUST
Schön... warm...
Ah! Bruder!
Ruh dich noch etwas aus, ja?
O... Okay.
SUSH

Das Königreich Malachia war einst ein Verbündeter von Lioness. Doch vor einem Jahr brachen die beiden Anführer der Heiligen Ritter den Frieden und wollten ihr Land unterwerfen.
Durch die Schlachten wurden sowohl die Bevölkerung als auch die Königsfamilie auseinandergerissen, und das Land ging unter...
W... Wer bist du?
Ich bin Elizabeth Lioness ...
... die Tochter von Bartra, dem König von Lioness!
...!!
War das klug?
Diese Menschen wollten uns umbringen!

Ich weiß, aber ich kann doch niemanden in Not im Stich lassen!!
Elizabeth...
Du bist wirklich was Besonderes...

KAPITEL 164: DIE STURKÖPFE

Die Sieger stehen fest...
FLATT
Sie heißen Elizabeth und Elaine!
Gut, gut... Taizoo!
ZUCK
Okay, ich rufe sie aus!
Der Gewinner des ersten Matches ist...
... Team Elizabeth und Elaine!!

Prinzessin Elizabeth! Wir als Bürger von Malachia können es uns nicht erlauben, in Eurer Schuld zu stehen...
Darüber reden wir später. Jetzt ruh dich erst mal aus, okay?
...
Die Prinzessin hat recht, erst mal...
GWOSH
?!
Aah!!
Vorsicht, Elizabeth!
Oh nein ...
Kümmerliche Verlierer verlassen den Platz bitte sofort!
HEHE

Nicht weinen, Elizabeth, du warst super!
Na ja, eine Sorge weniger für uns... ♪
Jupp. Aber gleich sind wir dran, oder?

Hey, Hauptmann! Ich glaube, das sind unsere Gegner…
Hm?
Wie du siehst, sind das Dämonen. Den Speed von den Blauen darf man nicht unterschätzen, also bleib wachsam, okay?
KNICK
KNACK
KRAH
FWUSH
Oh?

FLATT
FLATT
KRAH
Fliegen ist ge-
gen die
Regeln!
♪
Wir
müssen
sie ein-
fangen,
sonst
wird's
müh-
sam...

ZWOSH
FWUSH
FWUSH
Du willst doch nur so schnell wie möglich wieder an deiner Prinzessin rumfummeln, oder?
Fass dir gefälligst mal an deine eigene Nase! Du doch auch mit Elaine, oder?
FWUSH
Kwah! Kwah! Kwah! ♪ Jetzt wirf mich bloß nicht mit dir in einen Topf! ♪
SCHNIPP
Was denn? Du bist so kindisch, Ban!
Bitte?! Wer von uns beiden ist hier kindisch? ♪
TSCHOCK
KRAH KRAH
Was ist mit deinem Arm passiert?
SPLATT
Lenk nicht vom Thema ab! ♪

DWOMM
Ich bin nicht wie du, Hauptmann... einer, der gleich ausflippt, wenn er mal ein bisschen an einem Hintern rumfummelt! ♪
ZZZSSH
KRAAH
FWOSH
BISH
Das denkst du. Ich bin kein kleiner Junge mehr, der sich mit ein bisschen Pograpschen zufriedengibt...
BWAMM
Ich knete auch immer ihre Möpse ausgiebig!!

KRAAAH
Hauptmann, du hast da was am Kopf!
Hm?
ZWUPP
?
Lenk du auch nicht vom Thema ab!
KRAAAAAAAAH
SPLOSH
Armer Ban, du wirst eben niemals herausfinden, wie wunderbar weich und geschmeidig Elizabeth ist!
Hahaha!
ZUCK
WOOSH
KRAAAAH
Ey, du altes Stinktier! Willst du dir ein paar einfangen, oder was? Nur damit du Bescheid weißt, das Gleiche wollte ich auch...

... gerade sagen !!!!!

DADOSH!!
Krah!!
Ach ja?
Krah?
SPLOTTER
TAUMEL
KRAAAAAAAAH
Aber wenn wir schon davon reden, Elaine ist samtweicher und zarter als jede andere! ♬
Samtweich und zart... Aha.
ZWOSH
Zu schade, Hauptmann ♪, dass du das niemals erleben wirst! ♪

DO
Wer will das schon?!!!!
DWAMM

BOOM
W...Worüber streiten sich die beiden die ganze Zeit?
W...Wenn ich das wüsste ...
Ich sag dir jetzt mal was...
BISH
Elizabeth ist die Beste!!
Träum weiter! ♬
WISCH
Die Beste ist ja wohl ...
... Elai... Hm?
ZITTER
Oh!

Wieso ist der tot?
Guck mal, Ban! Der andere ist auch hinüber. Hab ich gar nicht mitge-kriegt.
Oh Mann, ich fass es nicht! Dann ist der Kampf schon vorbei?!
Na ja, jeden-falls war es Glück, dass Elizabeth und Elaine nicht gegen die bei-den kämpfen mussten...
Ha! ♪
Und wenn schon, das wäre auch kein Problem gewe-sen! ♪

Glück ist nämlich, dass Elizabeth mit Elaine in einem Team ist! ♪
Meine Elaine hat anstelle ihres gehirn-amputierten Bruders den Wald des Feenkönigs beschützt! ♪
Wenn du so anfängst, da kann Elizabeth locker mit-halten...
Sie hat nämlich schon mal ganz allein ein Dämo-nenheer trans-formiert!

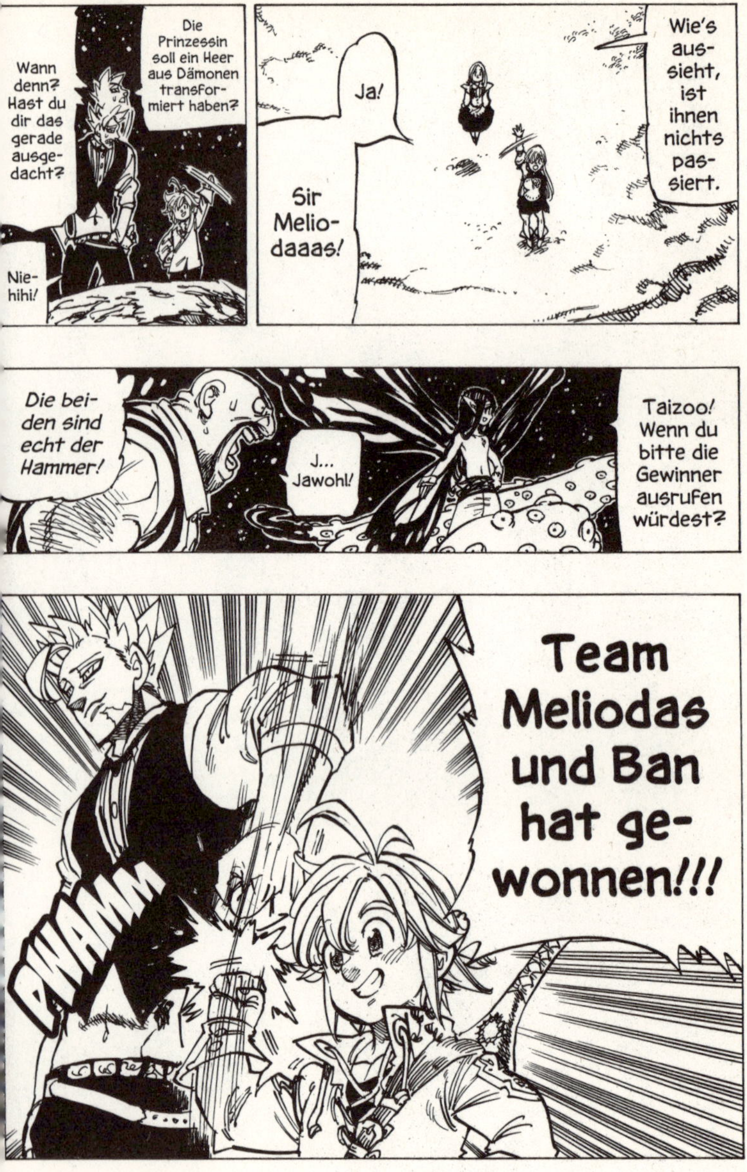
Wie's aussieht, ist ihnen nichts passiert.
Ja!
Sir Meliodaaas!
Die Prinzessin soll ein Heer aus Dämonen transformiert haben?
Wann denn? Hast du dir das gerade ausgedacht?
Niehihi!
Taizoo! Wenn du bitte die Gewinner ausrufen würdest?
J... Jawohl!
Die beiden sind echt der Hammer!
Team Meliodas und Ban hat gewonnen!!!
PWAMM

Meliodas ist immer noch so stark wie Eisen...
Doch wer zuletzt lacht, lacht am besten... und das sind garantiert wir!
Hehehe!
Aber Fakt ist, dass es viele unberechenbare Faktoren gibt... Das solltest du auch schon mitgekriegt haben, Gloxinia!
Du hast recht, hier sind einige, die mir Sorgen bereiten ...

DONG
MMM
RRRSH
BROCKEL
KRACKS

SPLOTTER
BOMPF
DRIP
DRIP
DRIP
!!!
hust
B... Bist du okay?!
D... Du?! Du dürftest doch gar nicht getroffen worden sein!
I...Ich kann nichts dafür...
Diese ganze Situation...

Keine Sorge!! Ich be- schütze dich!!
I...Ich kann nicht mehr...!!
DRIP DRIP

KAPITEL 165: DAS UNGLEICHE LIEBESPAAR

Wir verschieben unsere Wiedersehensfreude auf später.
Wir müssen uns erst mal hierum kümmern ...
SCHWUPP
Wir haben es mit Monstern zu tun!
Kinder bleiben hier drin und verstecken sich!!
STOPF
WOBBEL
BLUSH
Na los, kommt schon!
FWOSH
SPLATT
Hm?

BOOM
Aber warum kämpfen unsere Stellvertreter ausgerechnet gegen dieses Team?
Du scheinst unzufrieden zu sein, dass es nicht Meliodas ist...
Doch das Schicksal entscheidet, wer gegen wen kämpft. Alles wird nach dem Kausalitätsprinzip bestimmt.
Das Schicksal hat entschieden, dass die beiden würdige Gegner für unsere Stellvertreter sind.
Schicksal...?

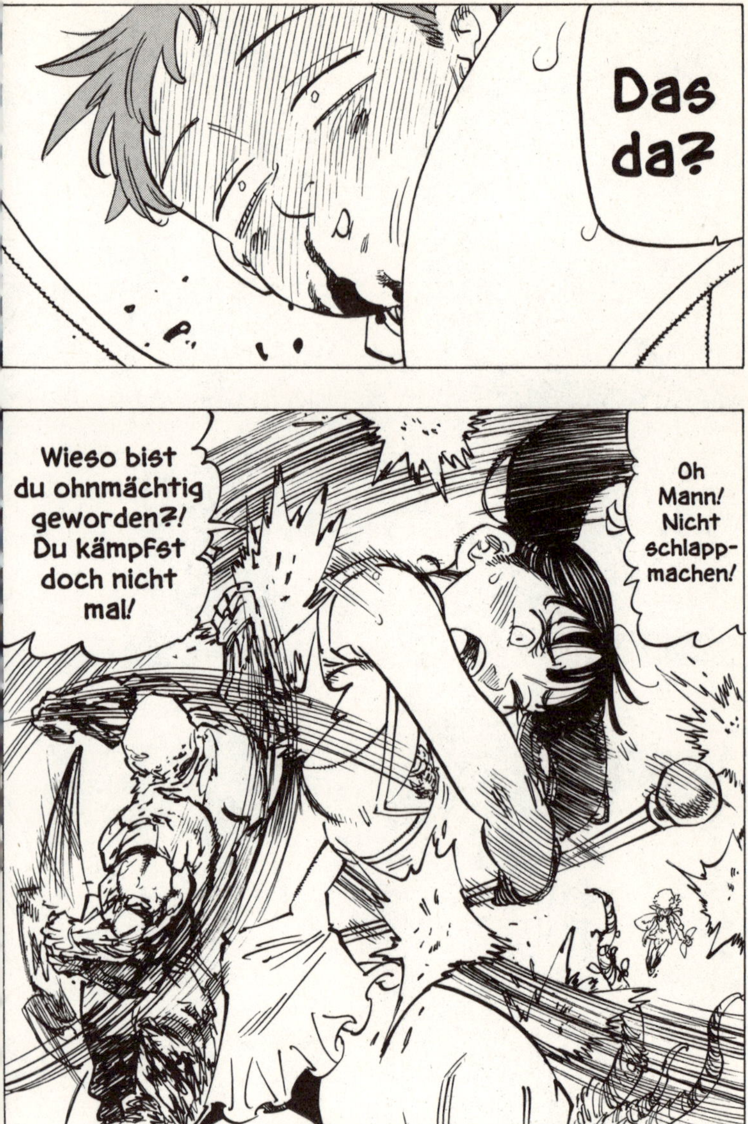
Das da?
Oh Mann! Nicht schlapp-machen!
Wieso bist du ohnmächtig geworden?! Du kämpfst doch nicht mal!

RRRSH
TAUMEL
Wah ...
FWUPP
Nwah!!
KICK
QUETSCH
WOBBEL
Ah!!

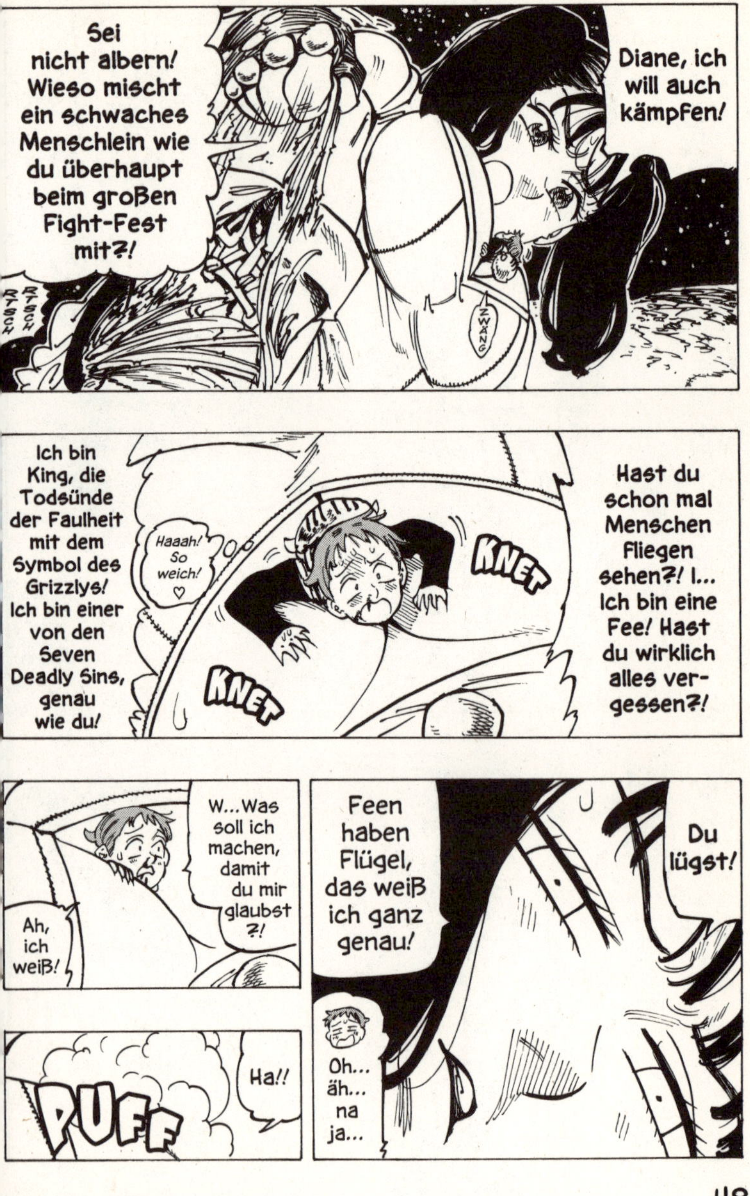
Diane, ich will auch kämpfen!
Sei nicht albern! Wieso mischt ein schwaches Menschlein wie du überhaupt beim großen Fight-Fest mit?!
ZWÄNG
RTSCH RTSCH
Hast du schon mal Menschen fliegen sehen?! I... Ich bin eine Fee! Hast du wirklich alles vergessen?!
Ich bin King, die Todsünde der Faulheit mit dem Symbol des Grizzlys! Ich bin einer von den Seven Deadly Sins, genau wie du!
Haaah! So weich! ♡
KNET
KNET
Du lügst!
Feen haben Flügel, das weiß ich ganz genau!
Oh... äh... na ja...
W...Was soll ich machen, damit du mir glaubst?!
Ah, ich weiß!
Ha!!
PUFF

Siehst du?
Feen können sich nämlich verwandeln!
HAH
HFF
KUSCHEL
SCHLEUDER
Igittt!!!
Wah!
Wah!
Oh! Nicht gut...

ERSTARR
Nanu?
Das Gesicht von diesem »Servant« kommt mir irgendwie bekannt vor…
Träum nicht vor dich hin!!
Mach, dass du da wegkommst!!

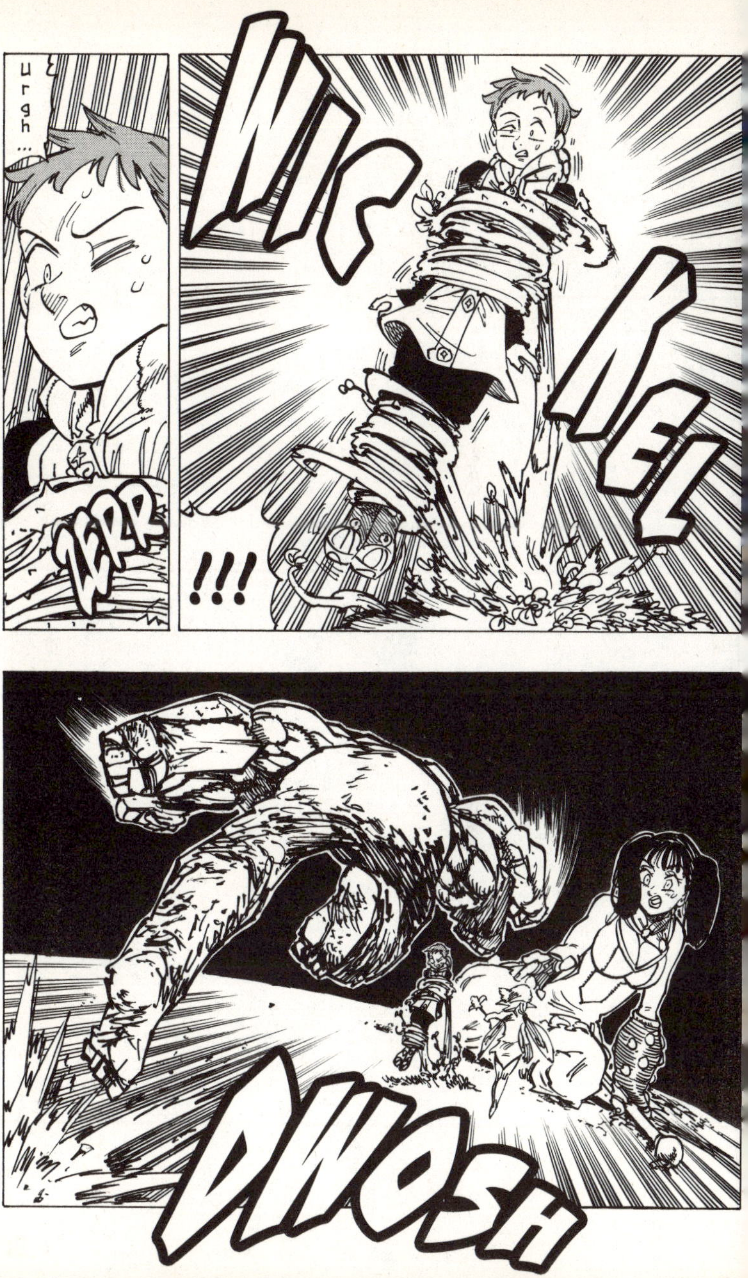
Urgh...
!!!
ZERR
DWOSH

RRRP
Geister-speer Chastifol!
Fünfte Form: »Increase«!
GWOOOOSH
PRRRRRR
WRRR

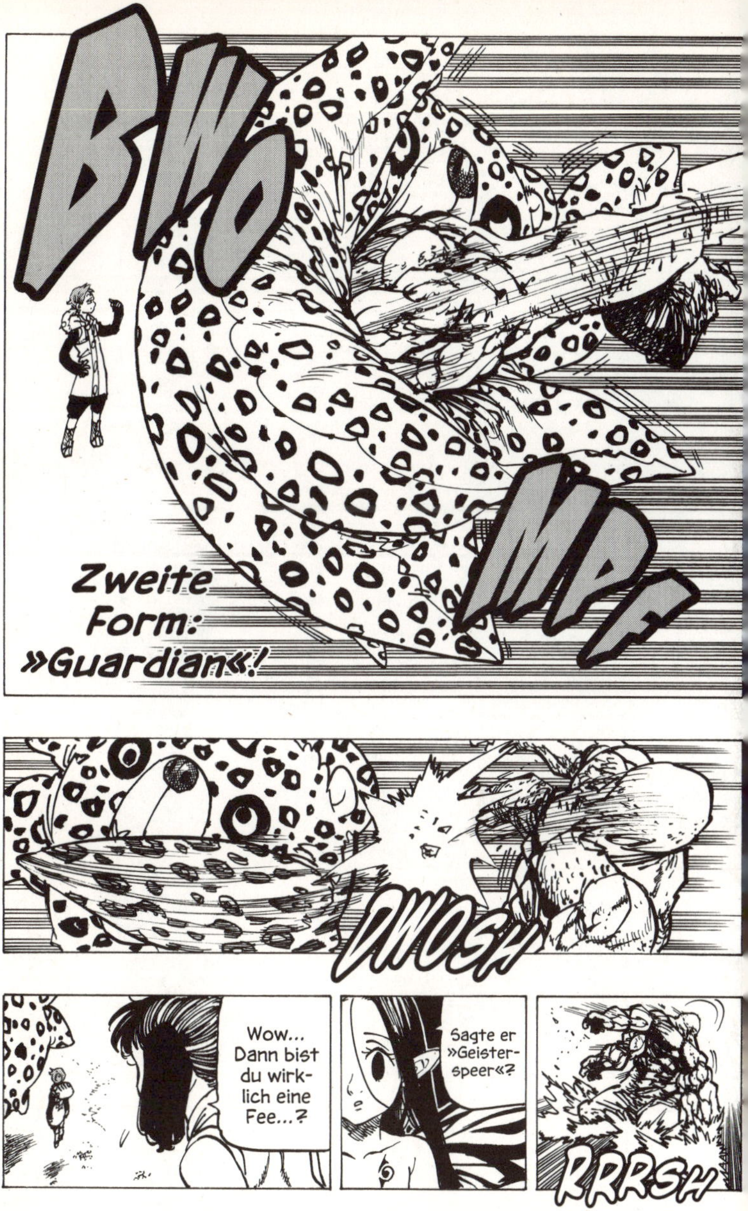
BWO
MPF
Zweite Form: »Guardian«!
DWOSH
RRRSH
Sagte er »Geisterspeer«?
Wow... Dann bist du wirklich eine Fee...?

Mein richtiger Name lautet ...
... Feenkönig Harlequin!
Feenkönig... Harlequin?!
W... Weckt das Erinnerungen bei dir?!
Harlequin oder King... Wie soll ich dich denn jetzt nennen?
Der amtierende Feenkönig! So eine Überraschung, was, Gloxinia?
FLATT FLATT
Ja, wirklich... Dann wollen wir doch mal testen, wie stark der jetzige König ist!
Drole!
Los, wir geben unseren Stellvertretern die volle Macht, okay?

DZZZT

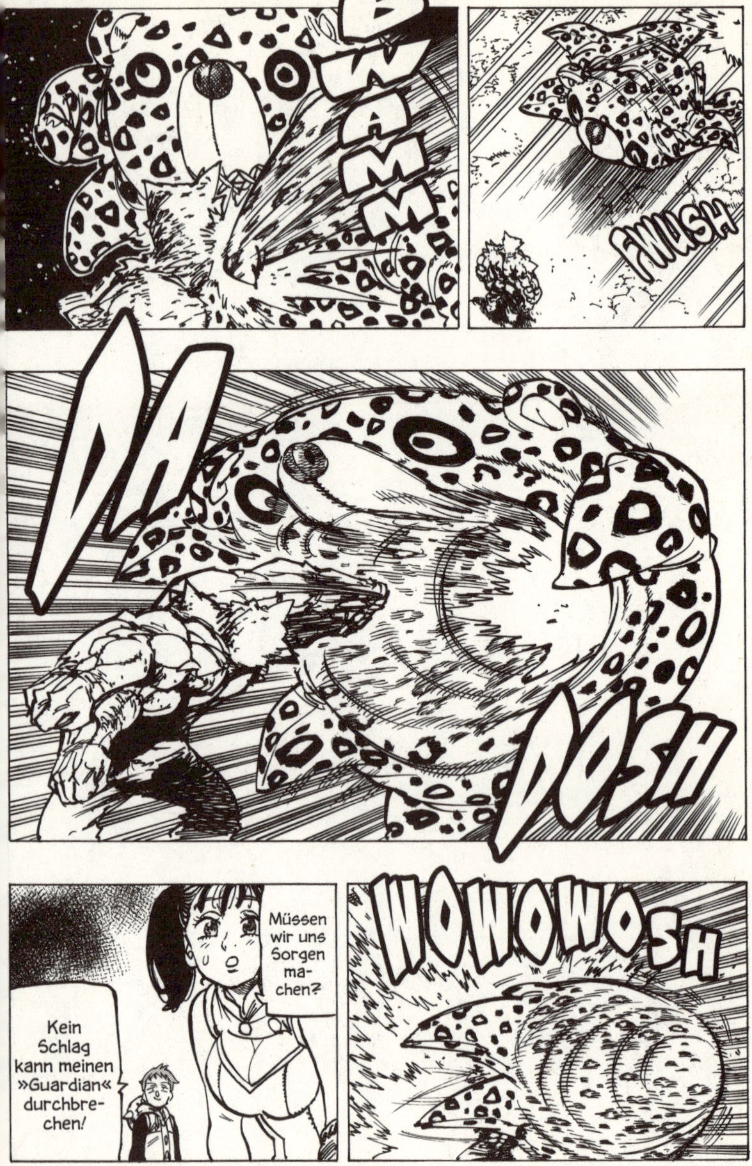
FWUSH
BWAMM
DA
DOSH
WOWOWOSH
Müssen wir uns Sorgen machen?
Kein Schlag kann meinen »Guardian« durchbrechen!

Du, Diane?
W... Was ist?
Du hast dein Gedächtnis verloren, deshalb ist es vielleicht sinnlos, es dir zu sagen...
SCHWEB
Aber mir ist klar geworden...
... dass ich nicht darauf warten darf, bis du merkst, was ich für dich empfinde...
Ich muss meine Gefühle in Worte fassen und sie dir mitteilen!
Diane!
Ich muss dir was sagen ...
Ich dir auch!
Was?
BUBUMP

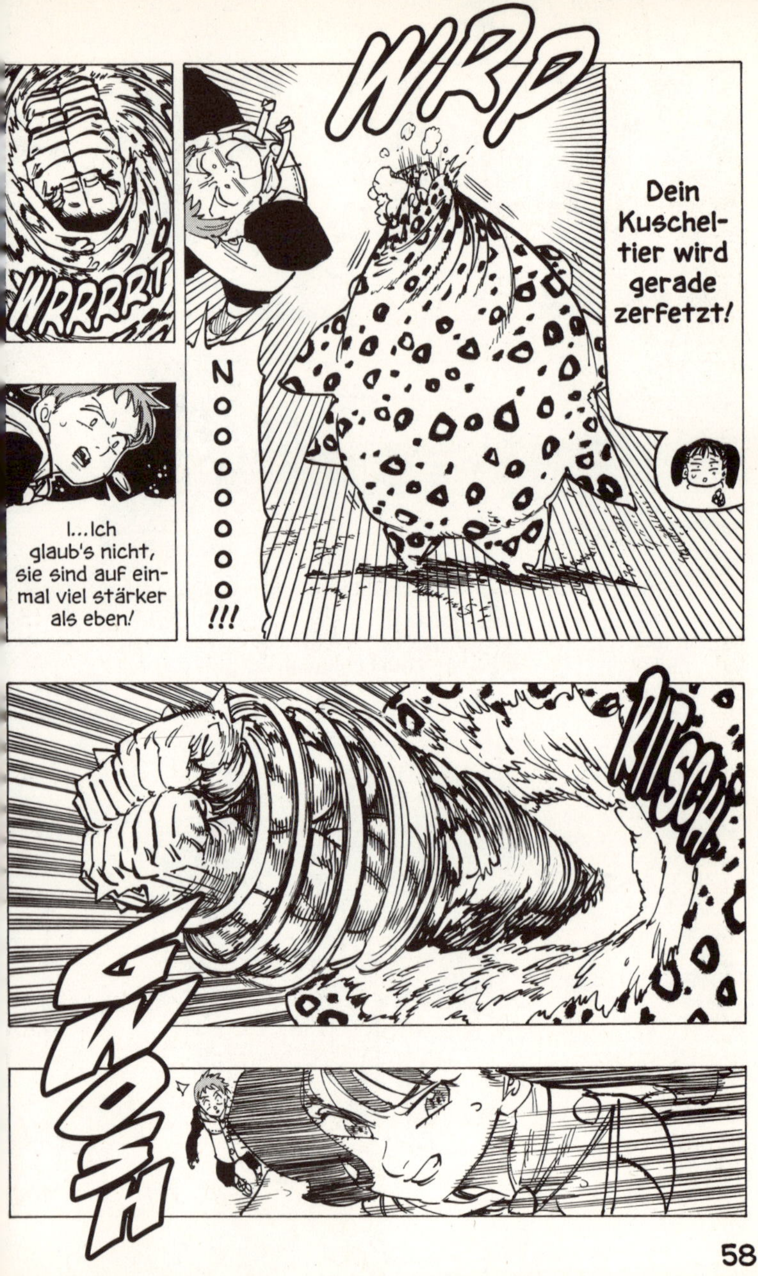
WIRD
Dein Kuschel-tier wird gerade zerfetzt!
NOOOOOOOOO!!!
WRRRRT
I...Ich glaub's nicht, sie sind auf ein-mal viel stärker als eben!
RITSCH

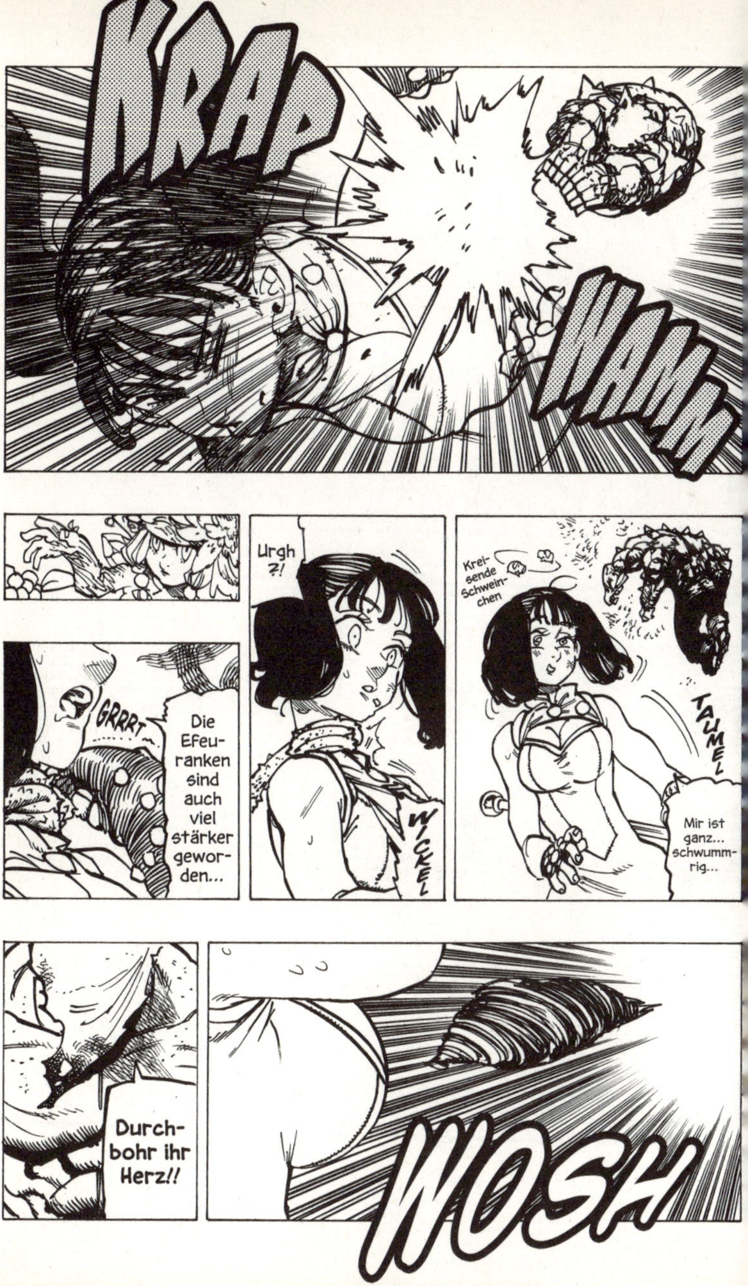
KRAP
WAMM
Urgh?!
Kreisende Schweinchen
WICKEL
TAUMEL
Mir ist ganz... schwummrig...
GRRRT
Die Efeuranken sind auch viel stärker geworden...
Durchbohr ihr Herz!!
WOSH

ZUDWOMM
!!
Harle-quin ...?
Diane.

»Entfesselung des Insignes«!
Ich werde dafür sorgen, dass du nicht noch einmal solche Ängste durchleiden musst...
»Noch einmal«?
Was zum Teufel meinst du damit?
Daraufhin hat sich Sir King allein auf die Suche nach dir gemacht.
Elizabeth hatte auch schon so was angedeutet...
Haha! Welch aufregende Magie...
Dann warst du also der, der die Albions erledigt hat!

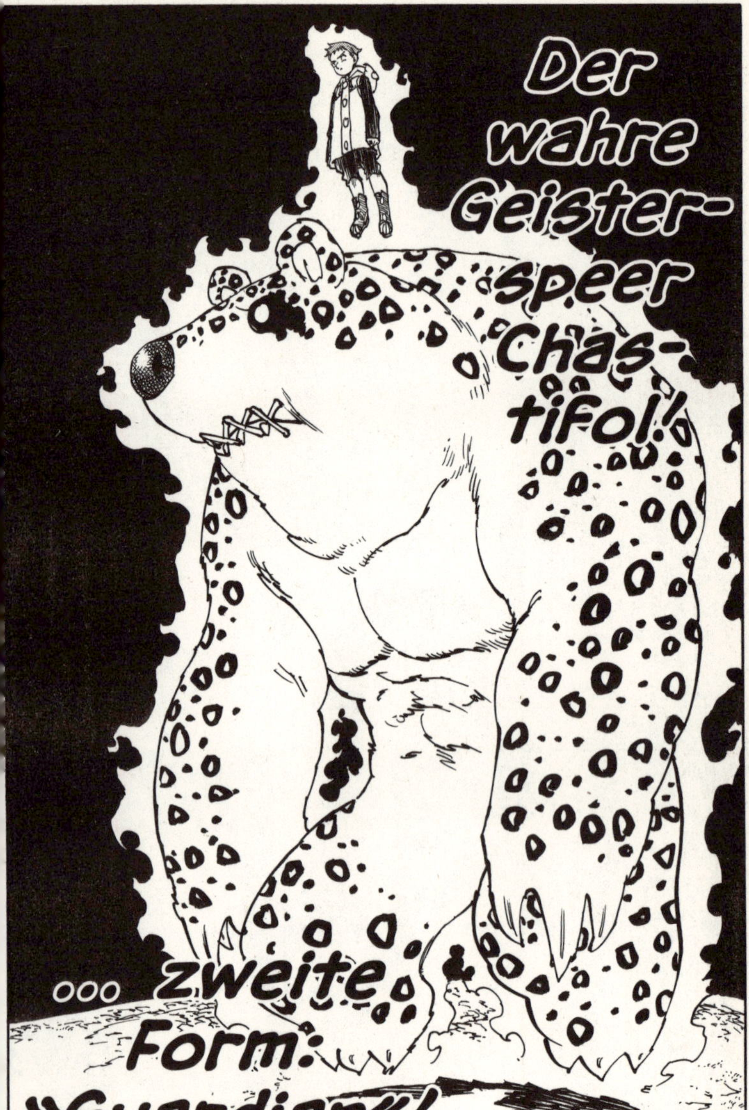
Der wahre Geister-speer Chas-tifol!
... zweite Form: »Guardian«!

KAPITEL 166: ZARTE KNOSPEN

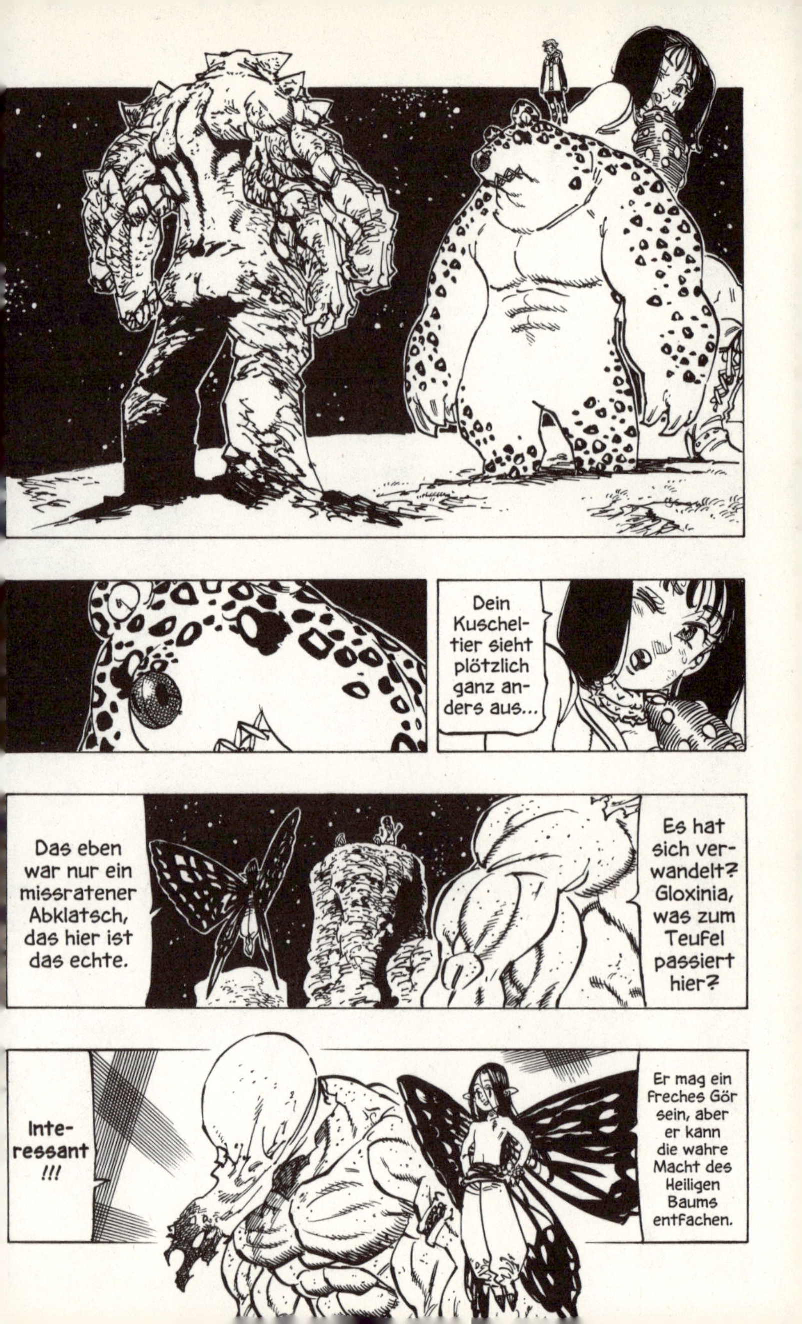

Dein Kuscheltier sieht plötzlich ganz anders aus...
Es hat sich verwandelt? Gloxinia, was zum Teufel passiert hier?
Das eben war nur ein missratener Abklatsch, das hier ist das echte.
Er mag ein freches Gör sein, aber er kann die wahre Macht des Heiligen Baums entfachen.
Interessant!!!

FWOSH
PAPAPAPAPAPAPAPAPWAMM

ZZZZZZZZZZZT
!!!

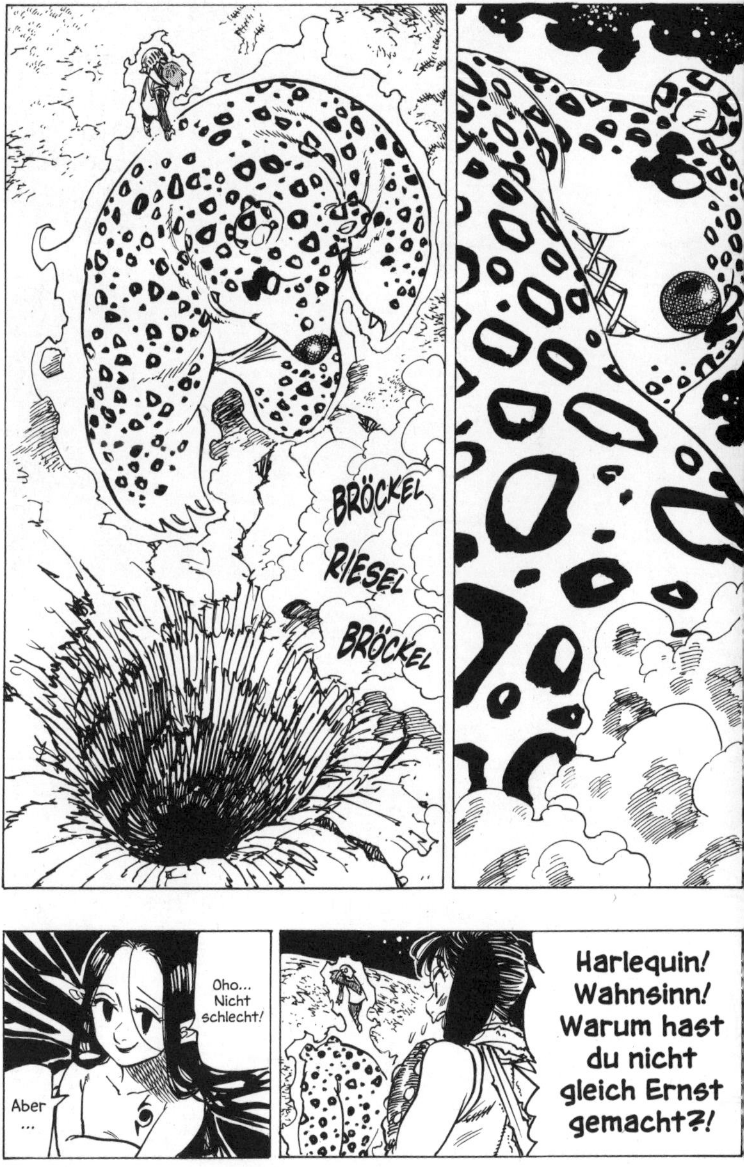
BRÖCKEL
RIESEL
BRÖCKEL
Harlequin! Wahnsinn! Warum hast du nicht gleich Ernst gemacht?!
Oho... Nicht schlecht!
Aber ...

HFF
Wie's aussieht, kostet ihn das ziemlich viel Kraft, was?
HFF HAH
HFF HAH
Harlequin, was ist los?
Nichts. Mir... geht's gut...
FWUIT
GRRRT
!!!
So siehst du aber nicht aus...
DODOSH
DODOSH

KRACKS
KRK
KWAH
...
KRK
KRK
AU
...
HUST
BWOSH
Der Angriff hat dem Feenkönig stark zugesetzt ...
Kümmern wir uns erst mal um die Riesin, sie stört nur.

SLASH

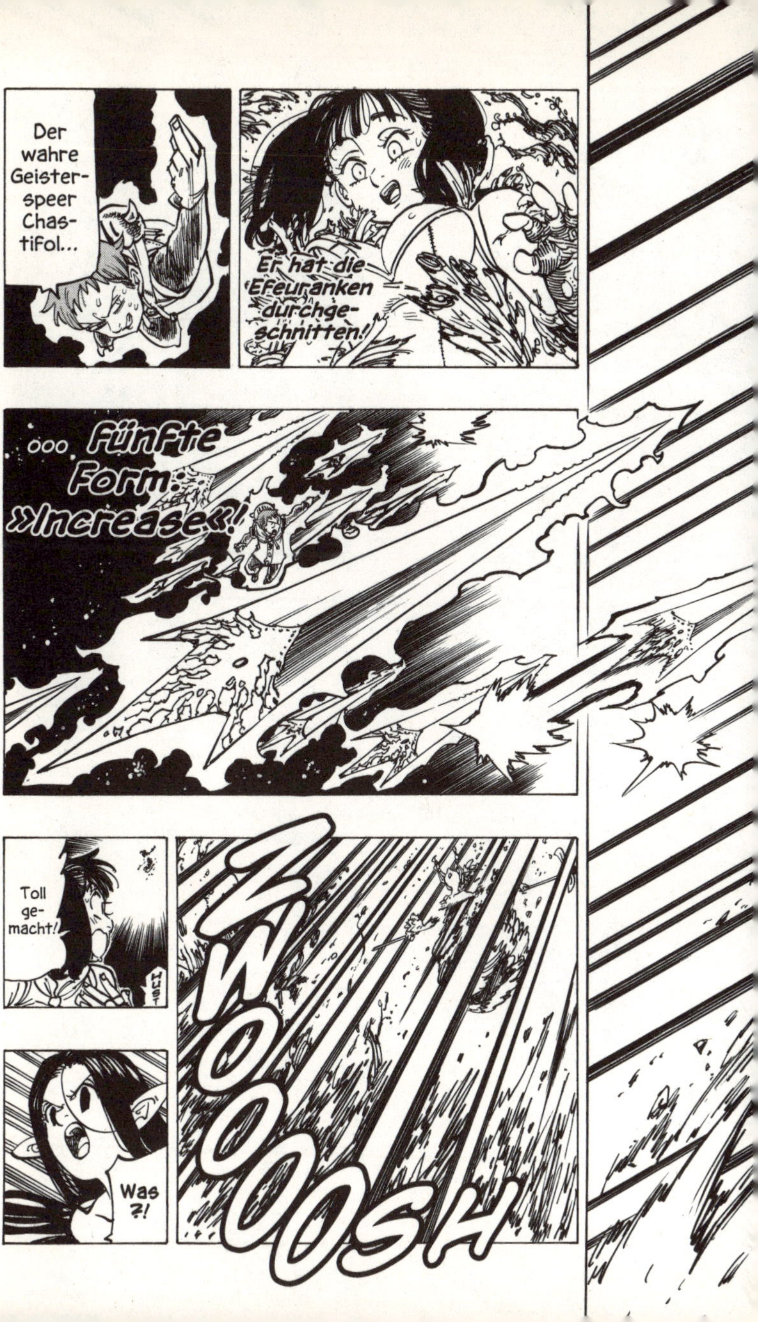
Er hat die Efeuranken durchgeschnitten!
Der wahre Geisterspeer Chastifol...
... Fünfte Form: »Increase«?!
Toll gemacht!
HUST
Was?!
WOOOOOSH

RASCHEL RASCHEL RASCHEL
SHURUSH
SHURUSH
Das hätte ich...
SHURUSH
SUUUSH
... gesagt, aber das war ein Schuss in den Ofen!
Du als Feenkönig solltest eigentlich wissen, was für eine verblüffende Lebenskraft Pflanzen besitzen!
KEUCH
HUST
KEUCH
Um die Angriffe zu kontern, hast du dich übernommen, aber das war für die Katz.
FWP
Stimmt's, Gerarde?
Harlequin... Sie ist wieder unversehrt!
FWP
Macht nichts. Genau wie ich es wollte.
Hä?

Solange sie oben schwebt, kann ich dich beschützen!!
SCHNIPS
Die erste Form: »Chastifol«!
Der wahre Geisterspeer Chastifol!
I...Ich glaub's nicht!
Woher nimmt er diese Kraftreserven?!

FLASH

WRSH WRSH
Sie ist nur noch Staub, ich kann nichts mehr machen.
Ich muss die Niederlage meiner Stell-vertreterin eingestehen.
DOSH
FWOSH
Diane... Ist dir... auch nichts pas-siert?
Warum hast du dich so über-nommen ...
... um mich zu beschüt-zen?
Mach dir keine Sorgen um mich, du bist jetzt viel wich-tiger! Du siehst völlig mitgenom-men aus...
HUST HUST

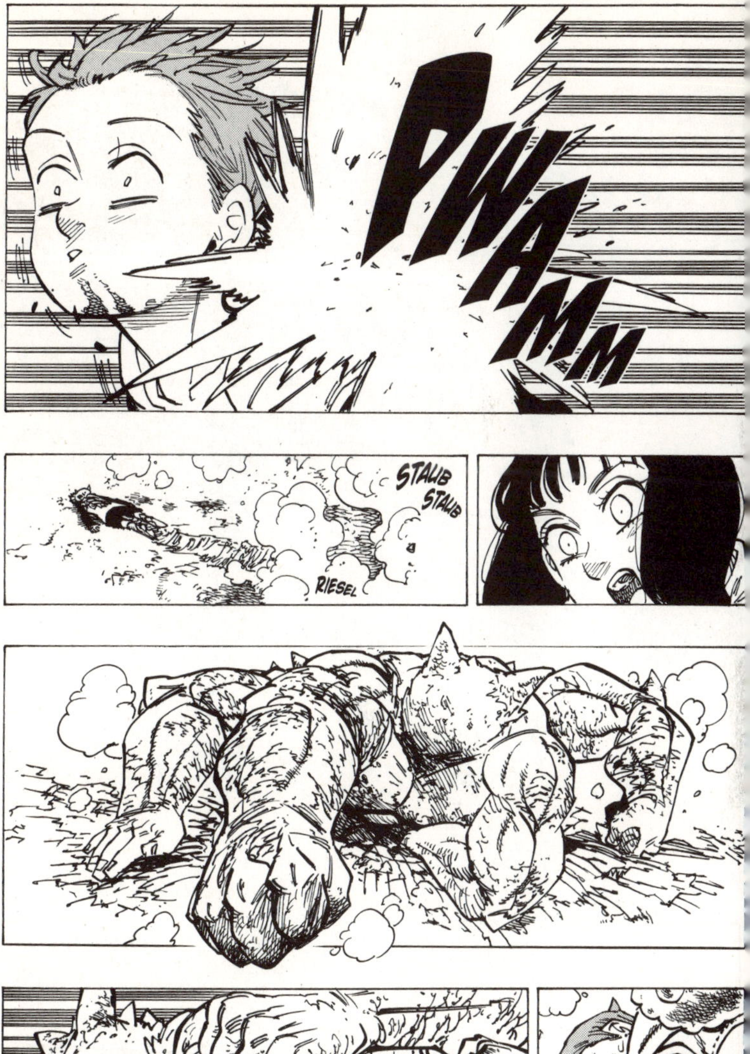
PWAMM
STAUB
STAUB
RIESEL

FWOSH

Diane ...
Wenn du meine Gefühle schon so in Wallung bringst...
... kann ich dich doch nicht einfach sterben lassen!!

KAPITEL 167: JEMAND, DER DIR VIEL BEDEUTET

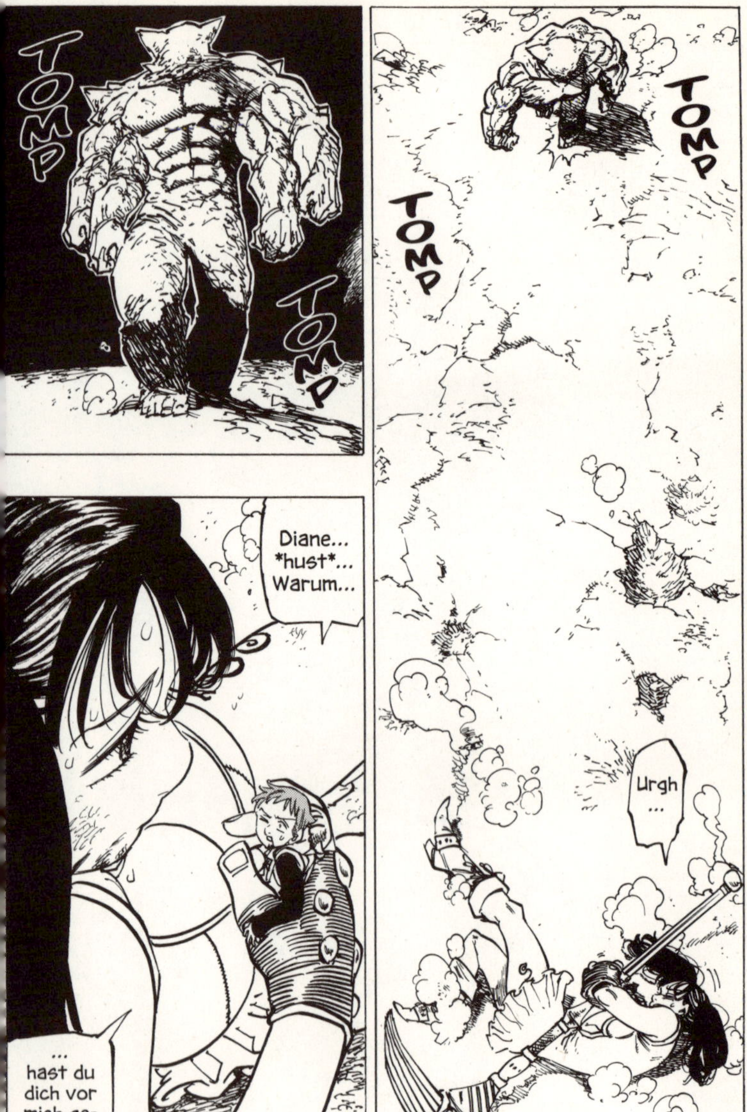
TOMP
TOMP
Urgh ...
TOMP
TOMP
Diane... *hust*... Warum...
... hast du dich vor mich ge-worfen?

Ähehe... Weil ein Junge, den ich heute erst kennengelernt habe, sein Leben für mich aufs Spiel gesetzt und mich beschützt hat...
Das macht man normalerweise nicht, oder?
Harlequin, wer bist du eigentlich für mich?
Und wer bin ich für dich?
...
TMP
Des-halb...
FWP
FWP
FWP
... erzähl's mir, wenn der Kampf vorbei ist!
Diane ...

»Filet and Roast« !!!
ZWOSH
Oho ...
Sie will gegen meinen Golem mit ihren eigenen kämpfen!

Macht ihn fertig !!!

GWOSH
PWAMM
STOMP
KULLER
KULLER

GRISH
Hä?! Warum? Wieso?! Wie jetzt?!
NYAAAAAAH
Sie sind doch auch Golems wie er, aber er ist viel stärker!!! Das ist nicht fair! D...Das ist gegen die Regeln!!!
Ich sag's dir nur ungern, Diane, aber... *hust*... die Magie der Zehn Gebote ist viel stärker als deine.
D...Das heißt, meine Golems können gar nicht gewinnen?
Na ja, es gibt noch andere Faktoren, die bestimmen, wie mächtig ein Golem ist...

Filet und Roast sind Fantasiefreunde von dir, die du dir gemacht hast, als du so lange allein warst, oder?
!
W... Woher weißt du das?
Aber weißt du, Diane, sie sind eben keine echten Freunde ...
WANK
Man braucht eine konkrete Vorstellung, sonst bekommt der Golem weder einen perfekten Körper noch wird er richtig stark!
Am besten denkst du an jemanden, dem du aus tiefstem Herzen vertraust...
... an jemanden, der dir viel bedeutet! Dann erhält dein Golem eine richtige Form und wird mächtig!!
Jemand...
... dem ich aus tiefstem Herzen vertraue...

DWOSH
FWP
FWP
FWP
Ich versuch's mal!
»Friends«!
WRRRROSH

SSSH
GRUNZ

FFFSS
Du hast es geschafft!
Wie findest du die? Die Details stimmen nicht so ganz.
Wie die Größe ...
Sie sind mir eingefallen, als ich an Freunde dachte, die mir viel bedeuten. ♡
KNACK
RRRRRSSH
Das tut weh, der Hauptmann ist also wirklich jemand ganz Besonderes für sie...
Sie hat ihn viel größer gemacht, als er tatsächlich ist!
Hm ...?
Hmmm?

I... Ich?
PWING
Diane... Warum stehe ich da?
Hm? Warum?
Na, weil du eben auch ein wichtiger Freund für mich bist! Ist doch klar!
GERÜHRT
DRIP

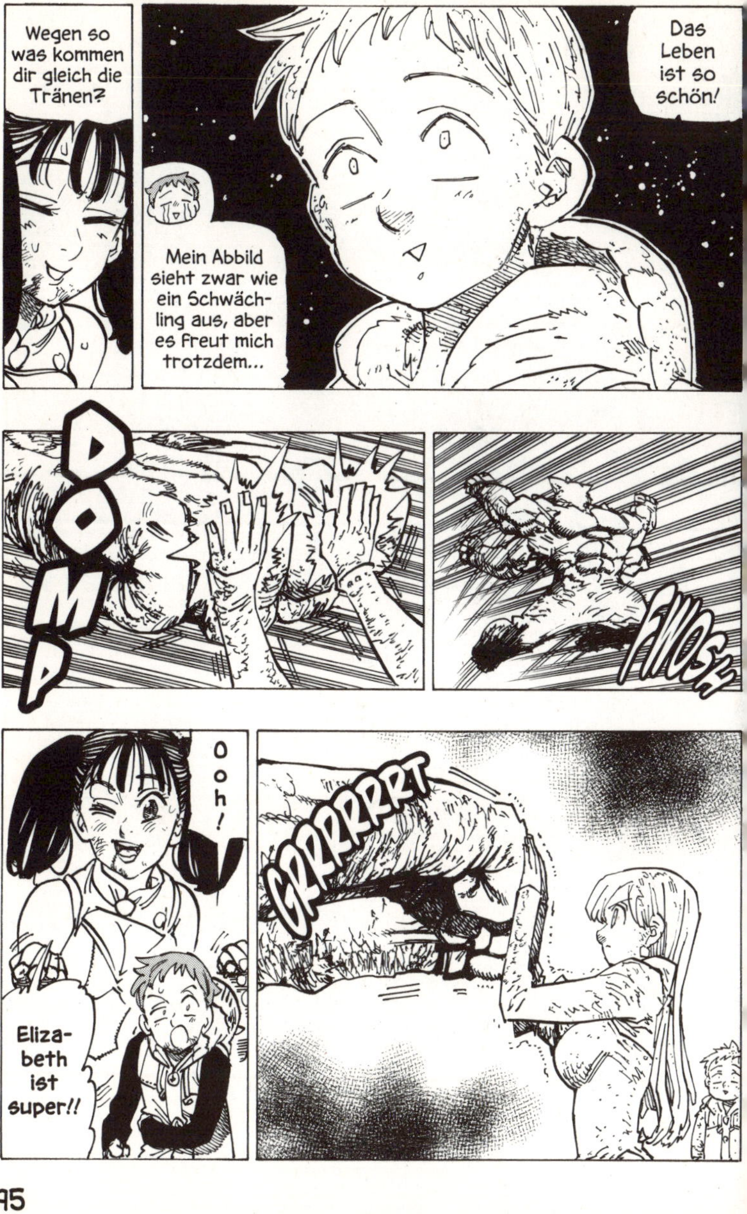
Das Leben ist so schön!
Mein Abbild sieht zwar wie ein Schwächling aus, aber es freut mich trotzdem...
Wegen so was kommen dir gleich die Tränen?
FLOSH
DOMP
GRRRRRT
Ooh!
Elizabeth ist super!!

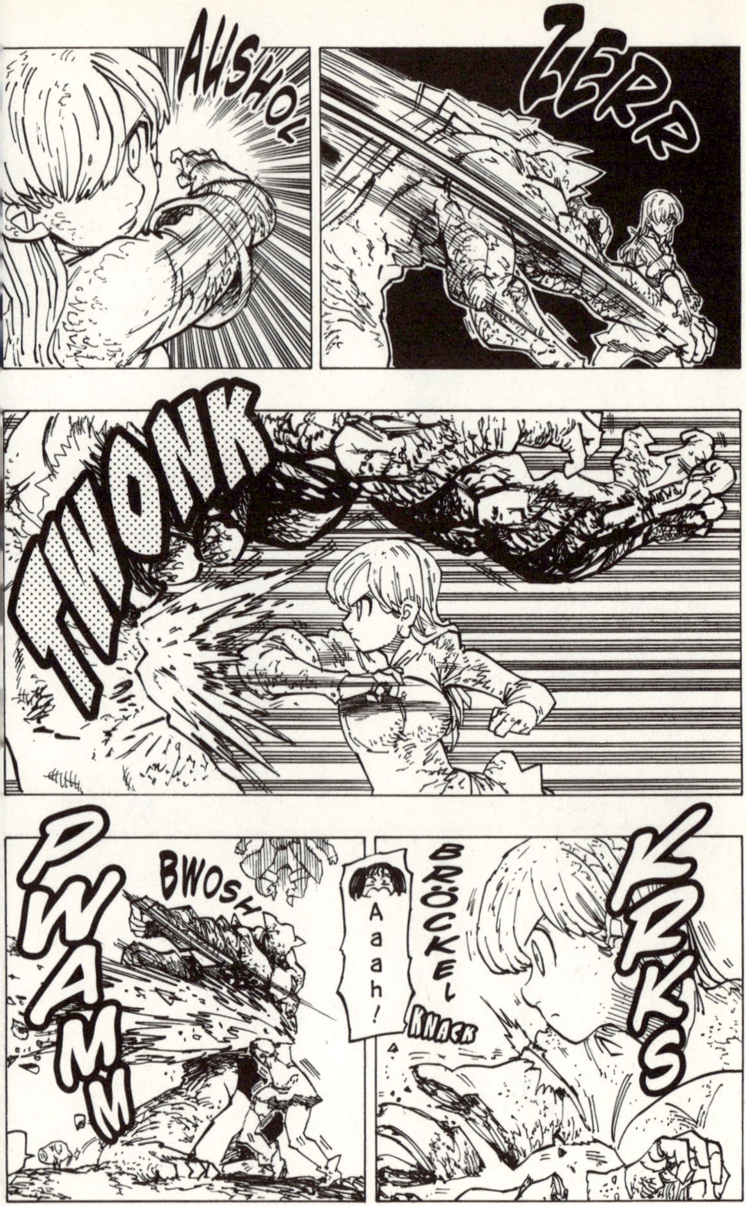
ZERR
AUSHOL
TWONK
KRKS
BRÖCKEL
KNACK
Aaah!
BWOSH
PWAMM

SCHWUPP
FWIPP
PAPAPAPAMM
KRAPWOMM
TAUMEL
Mich nervt, dass der Hauptmann so gut ist. Aber wei-ter so!!

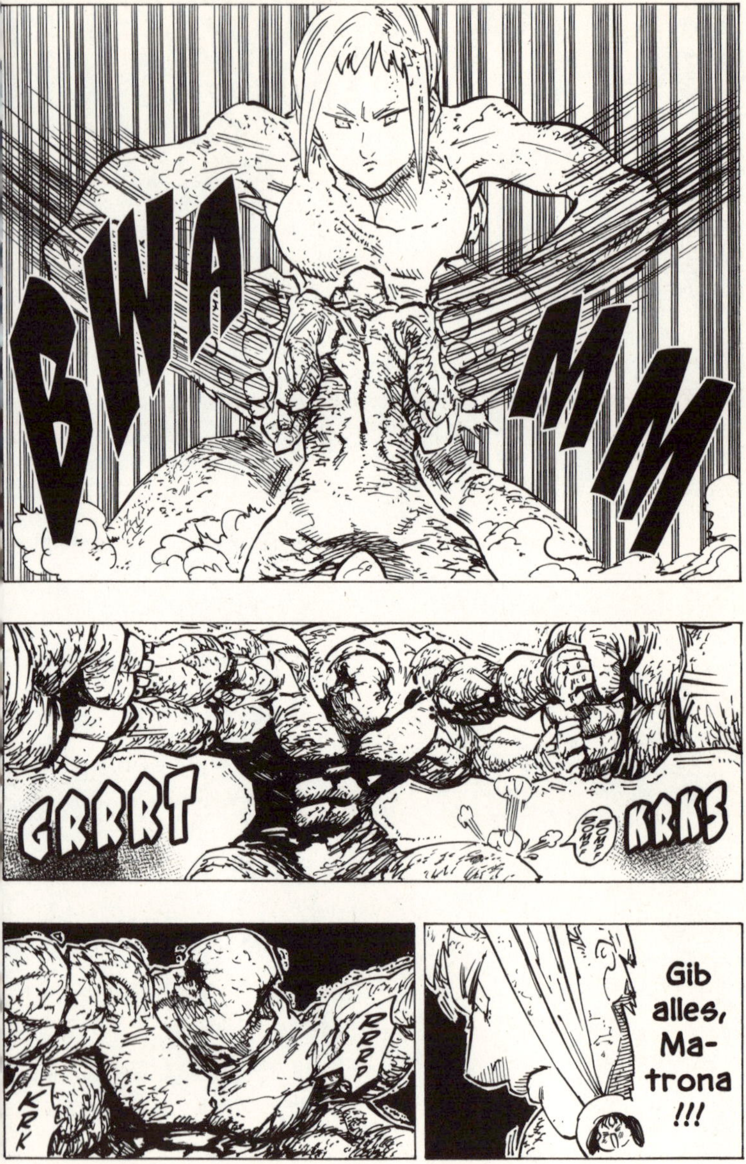
BWAMMM
KRKS
BOMPF BOMPF
GRRRT
Gib alles, Matrona!!!
RRRP
KRK

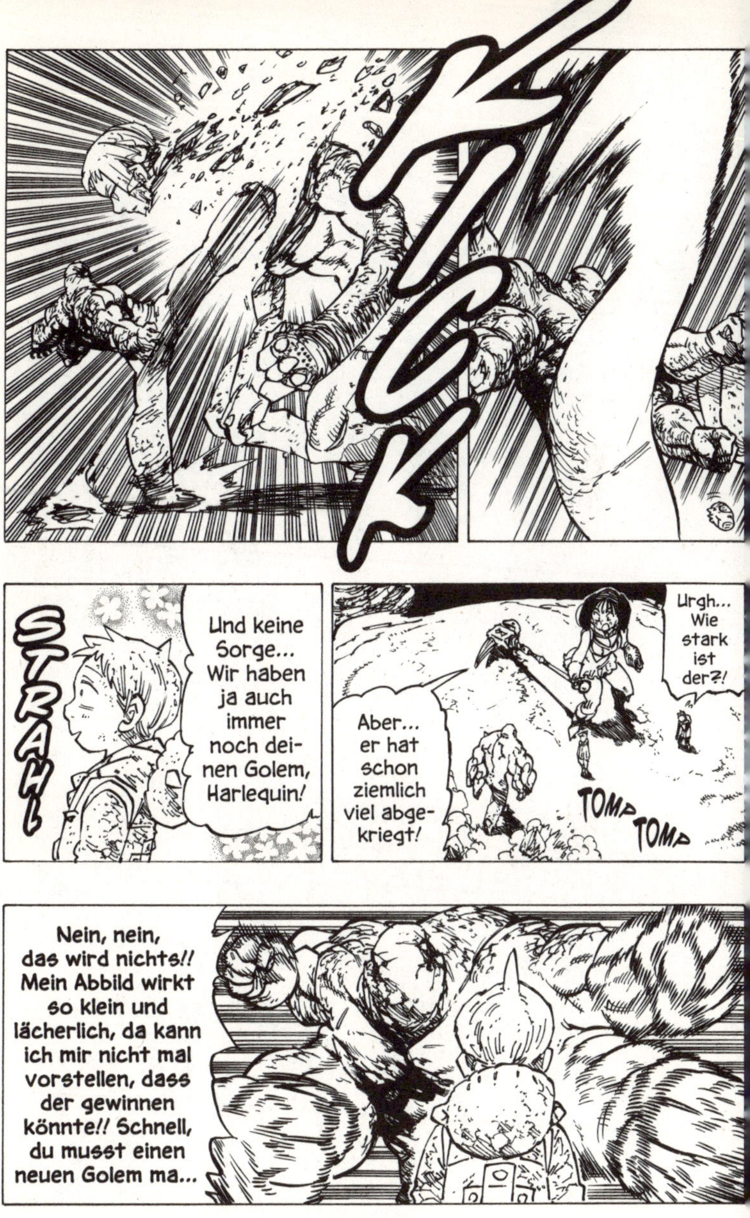
KICK
Urgh... Wie stark ist der?!
Aber... er hat schon ziemlich viel abgekriegt!
TOMP TOMP
STRAHL
Und keine Sorge... Wir haben ja auch immer noch deinen Golem, Harlequin!
Nein, nein, das wird nichts!! Mein Abbild wirkt so klein und lächerlich, da kann ich mir nicht mal vorstellen, dass der gewinnen könnte!! Schnell, du musst einen neuen Golem ma...

TAT
WOMM

DODODODODOMM
TMP
TA DAMM
...
Siehst du?!
I...Ich glaub's nicht!
Wahnsinn! ♡
FREU
Das war mal richtig gute Unterhaltung...
Schiedsrichter, ruf die Sieger aus!
Jawohl!
D...Diane, was hast du denn für eine Vorstellung von mir?
S...So stark bin ich doch gar nicht...

Nicht?
Ich finde, du bist superstark, Harlequin!

Gewonnen hat... Team King und Diane!
GRINS

BONUSMANGA: »DAS ABENTEUER VOM RITTERORDEN ZUR RESTEVERTILGUNG«

← Fortsetzung auf Seite 129

KAPITEL 168: DER VERNICHTUNGSPLAN FÜR DIE ZEHN GEBOTE

Kurz zuvor im Grenzland von Zeldon
FFSSH
Das muss eine irre Druckwelle gewesen sein... Hier sieht's schlimm aus...
FSSSH
Mir kommt die Magie bekannt vor, die hier noch in der Luft liegt...
Sie stammt vom Hauptmann der Heiligen Ritter, Dreyfus!

Hör zu, Gillar! Du auch, Neuling!
Das ist Nicca.
Was gibt's, Sir Gus-tav?
Sir Denzel hat uns persönlich eine Nachricht geschickt. Wir sollen sofort für eine Tak-tikbesprechung in sein Zelt kommen.
Ver-stan-den. Komm, gehen wir!
...
KLANK
Nicca, du hast ja Nerven, mir nicht mal zu antwor-ten!
ZASH
Du arbeitest doch unter Gillar, oder? Während der ganzen Reise hast du kein Wort mit mir geredet...
ERSTARR

PWAMM
Ich weiß selbst nicht mehr, was ich noch mit ihr machen soll.
Sir Gustav, bitte verzeiht ihre Unhöflichkeit!
...

Sir Gustav, Lady Gillar, wehrte Gefolgs-männer und -frauen...
Ich danke euch, dass ihr nach Zeldon geeilt seid, um uns zu helfen!
Der Turm wurde einst gebaut, um zu erforschen, wie man das Dämonenvolk bezwingen kann. Wie stark wurde er beschä-digt?
Es sollen auch geheime Künste er-forscht wor-den sein, die im Weltkrieg vor 3000 Jahren gegen die Dämonen zum Einsatz kamen...

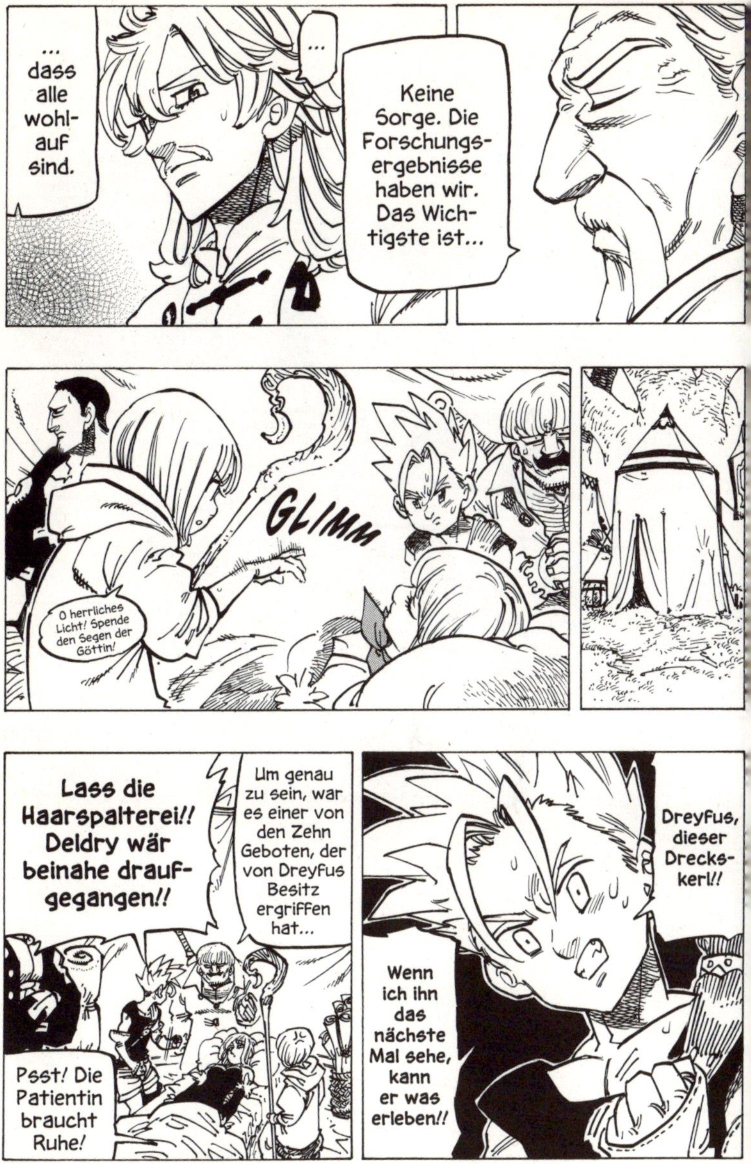
Keine Sorge. Die Forschungsergebnisse haben wir. Das Wichtigste ist...
...
... dass alle wohlauf sind.
GLIMM
O herrliches Licht! Spende den Segen der Göttin!
Dreyfus, dieser Breckskerl!!
Wenn ich ihn das nächste Mal sehe, kann er was erleben!!
Um genau zu sein, war es einer von den Zehn Geboten, der von Dreyfus Besitz ergriffen hat...
Lass die Haarspalterei!! Deldry wär beinahe draufgegangen!!
Psst! Die Patientin braucht Ruhe!

So kenn ich dich gar nicht, Arden.
Dass du meinetwegen so aus der Haut fährst...
Oh Mann, ich kann immer noch nicht glauben, dass ihr auf einen Betrüger reingefallen seid, der so getan hat, als wäre er ich!
GRMPF
Es hat nicht viel gefehlt, und wir wären alle draufgegangen!
FWUIT
Sei ruhig ...
Ohne deinen »Boost« wären wir jetzt alle nur noch Staub.
Danke, Dogedo ...
T... Tut mir leid.
VERBEUG
Verzeih mir!

Trotzdem war es irres Glück, dass Sir Denzel und Deathpierce nichts passiert ist, obwohl sie im Zentrum der Zerstörung standen...
Für die beiden war es bestimmt keine große Sache. Sir Denzel hat ja immer noch seine Geheimwaffe.
Und ...
... um Dreyfus musst du dir auch keine Sorgen machen...
Sir Denzel hat ihn mit seinem »Judgement« getroffen, er wird nachts bestimmt kein Auge mehr zutun.

FWOSH
Was ist das? Verspüre ich etwa Reue?
WOO-OH...
Aber ...
... Menschen wie die können mich nicht besiegen!
SLASH
Denzel, dieser Schweinepriester!
BWOPP
SCHLÜRF
Er nannte es »Dead Man's Revenge«, oder?
GULP
Als ich mir das eingravierte heilige Zeichen von der Haut kratzte, erschien es woanders neu...
Von wegen »heilig«, das ist ein teuflischer Fluch!

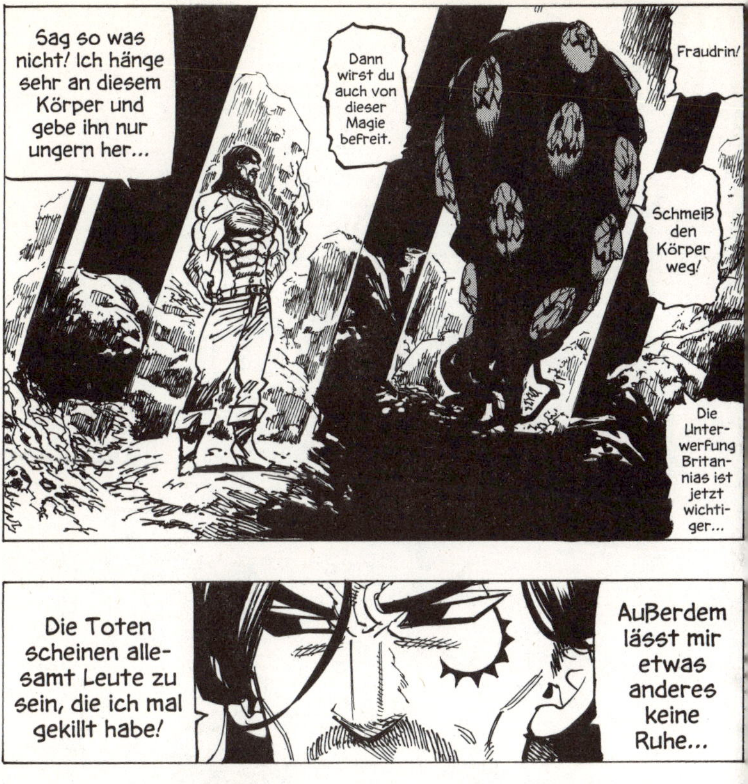
Fraudrin!
Schmeiß den Körper weg!
Die Unterwerfung Britannias ist jetzt wichtiger...
Dann wirst du auch von dieser Magie befreit.
Sag so was nicht! Ich hänge sehr an diesem Körper und gebe ihn nur ungern her...
Außerdem lässt mir etwas anderes keine Ruhe...
Die Toten scheinen allesamt Leute zu sein, die ich mal gekillt habe!
Wenn dem so ist, warum taucht er dann nicht bei mir auf?

Aber sind die Zehn Gebote wirklich so furchtbare Gegner?
Ich meine, wir haben doch neulich gegen Hendrickson gewonnen, der sich in einen Dämon verwandelt hatte... Ich glaube kaum, dass diese Monster noch schlimmer sind...
Wenn Hendrickson ein Wirbelsturm wäre, dann wären die Zehn Gebote zweifellos eine apokalyptische Naturkatastrophe.
Wenn man sie sieht, ist es schon zu spät.
So sind die Zehn Gebote.

Sir Gustav, der König hat mir befohlen, damit nicht hausieren zu gehen, aber...
... als er erkannte, dass die Zehn Gebote wiederauferstanden sind, entsandte er einige Spione in verschiedene Regionen. Doch jeder Kontakt zu ihnen ist abgebrochen.
!!
Nein...
Eine von ihnen ist zurückgekehrt!
E...Eine Spionin? Wo ist sie, Sir Deathpierce?
TUSCHEL
TUSCHEL
TUSCHEL
Ich sehe niemanden...
Genau in diesem Moment. Sie ist allerdings eine Spionin, die ich selbst ausgesandt habe.
Verstehe. Weiß sie Genaueres?
HI HI

KLINGLING
Sie ist unsichtbar...
Sie ist eine Fee, die nur ich sehen kann!
Sie ist seit meiner Kindheit meine beste Freundin, aber extrem schüchtern. Was? Ich soll dir zur Belohnung ein Liedchen singen? Das machen wir später...
HA HA HA
HI HI
hüstel Also wirklich...
Visi, zeig mir deine geistigen Bilder!
Was ...?

Die Zehn Gebote haben im Norden von Britannia...
... neun kleinere und größere Orte überfallen und fast alle Seelen der Bewohner gefressen ...
SCHLUCK
SAUG
BWUWUWUPP
Sie wurden vollständig ausradiert?!!

!!
Unmöglich... In so kurzer Zeit?!
Das kann doch nicht...!
Nein... Das glaube ich nicht!
Sie haben Camelot, die königliche Hauptstadt im Süden...
... eingenommen!!!!

E... Ein Einziger hat die gesamte Armee ausgeschaltet...
... und Camelot zum Unterschlupf der Dämonen gemacht!!

Camelot ist nach Lioness das zweitgrößte Land. Dass sie es in so kurzer Zeit erobert haben...
GRRT
Welch furchtbarer Gegner!
War das alles?
Nein...
Um Byzel herum ist in einem Radius von acht Meilen ein Labyrinth erschienen ...
Viele Menschen sind verschollen, nachdem sie es betreten hatten, um am großen Fight-Fest teilzunehmen.
Sagte er Fight-Fest?! Oh nein...
Das war eine Falle der Zehn Gebote?! Dieser Kelch ist noch mal an uns vorübergegangen!
Dann ist es nur noch eine Frage der Zeit, bis sie in Lioness einfallen!

Und ich habe weitere schlechte Nachrichten...
Es gibt noch einen mehr von den Zehn Geboten!!
?
Das heißt, es sind elf...
Und er hat sich bereits lautlos und unentdeckt in Lioness eingeschlichen...
Nicht einmal mein großer Bruder konnte das vorhersehen.
Wer ist es?
Heilige Ritterin Gillar! Kehre sofort in die Hauptstadt zurück und informiere den König und alle Heiligen Ritter!
POLTER
Wir setzen sofort unseren Plan in die Tat um, um die Zehn Gebote und...

... Gowther, die Todsünde der Wollust mit dem Symbol der Ziege, zu vernichten!!!
?!

Sir Gowther soll mit den Dämonen unter einer Decke stecken? Lächerlich!
Oder gar... einer von den Zehn Geboten selbst sein?!
Dann sind die Seven Deadly Sins also doch unsere Feinde...?!
Ich komm da auch nicht mehr mit!
Niemals!
»Verzeihung!«
»Ich würde mich von ganzem Herzen entschuldigen, wenn ich eins hätte...«
Nicht zu fassen...
Gowther soll einer von den Zehn Geboten sein?!
Alles okay, Gillar?
Hm...? Ja...
PATT

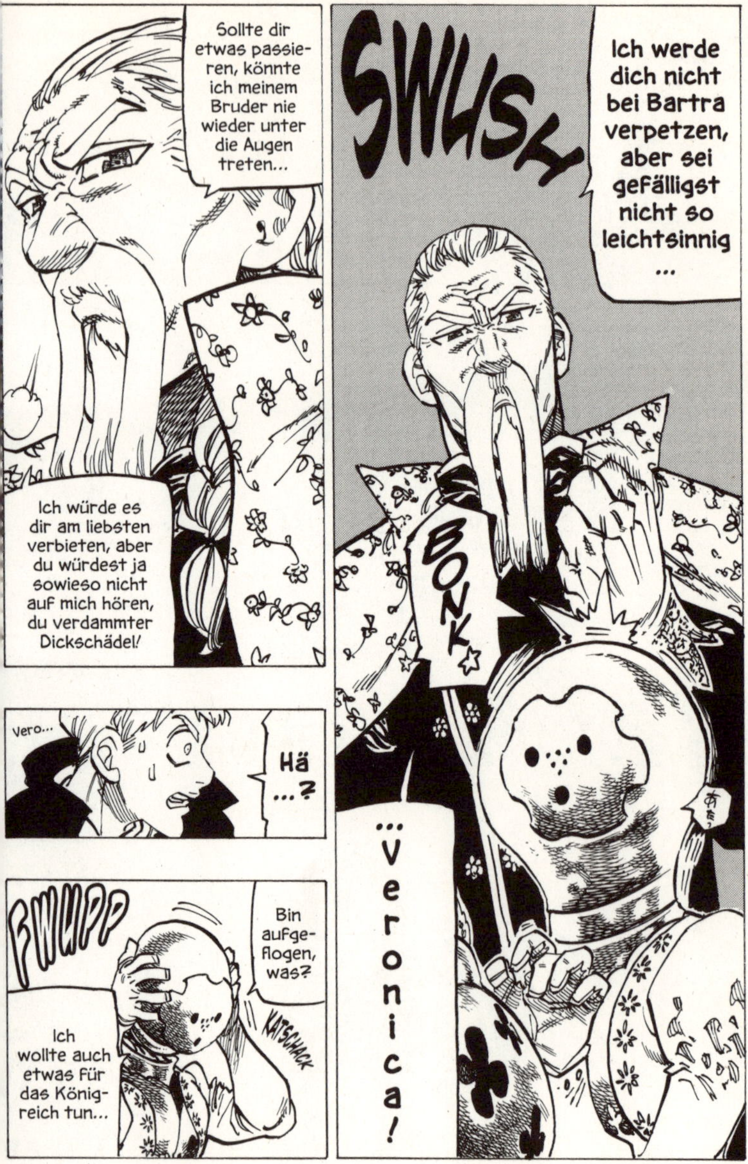
SWUSH
Ich werde dich nicht bei Bartra verpetzen, aber sei gefälligst nicht so leichtsinnig ...
BONK
...Veronica!
Sollte dir etwas passieren, könnte ich meinem Bruder nie wieder unter die Augen treten...
Ich würde es dir am liebsten verbieten, aber du würdest ja sowieso nicht auf mich hören, du verdammter Dickschädel!
Vero...
Hä ...?
FWUPP
Bin aufgeflogen, was?
KATSCHACK
Ich wollte auch etwas für das Königreich tun...

Ich schulde dir etwas, Onkelchen Denzel!!
STRAHL
Nenn mich wenigstens nicht »Onkelchen«!
Oh... die Prinzessin! ♡
BOMPF
Aua!!
Was sollte das?!
Gowther, wer bist du wirklich...?

Zurück in die Gegenwart...
H... Hey Gowther!
W...Willst du echt gegen sie antreten?
So lautet doch die Regel des großen Fight-Fests, oder?

Regel Nummer eins beim großen Fight-Fest: Alle Waffen, schmutzigen Tricks und jede Form von Magie sind erlaubt!
Regel Nummer zwei: Gewonnen hat, wer das gegnerische Team gekillt, schachmatt gesetzt oder von der Plattform geschubst hat.
Regel Nummer drei: Es ist strengstens verboten, vom Wettkampf zurückzutreten. Das war's.
Alter... Meinst du das ernst?!
Ich werde bei diesem Fest gewinnen...
... und mir ein Herz beschaffen!

Falls ihr dabei sterben solltet...
W... Wenn ich Gowther so höre, bekomme ich es mit der Angst zu tun...
ZITTER ZITTER
... kann ich vielleicht sogar aus ganzem Herzen um euch trauern!
GRUNZ
GRINS
Der ist doch nur ein kleiner Fisch!

Bonusmanga: »Das Abenteuer vom Ritterorden zur Restevertilgung« ②

KAPITEL 169: DER LEGENDÄRE SCHWÄCHSTE HEILIGE RITTER

W...Was meinst du? Du willst das Fest gewinnen und dir ein Herz beschaffen?
Richtig. Ich will eins haben, um Gefühle zu verstehen.
Aber Freunde zu töten, um ein Herz zu bekommen, ist doch ein Widerspruch in sich!!
Dann verrat mir mal, welche Möglichkeit ich sonst noch habe, um mir meinen Wunsch zu erfüllen?
Jericho, du hast deine Menschlichkeit über Bord geworfen, um an mehr Macht zu kommen...
Was ist daran anders?
...
Nein, du hast recht. Das war der Grund, warum ich meinen Bruder und Ban schwer verwundet habe.
Deshalb hör mir zu...

Du darfst deine Freunde nicht für deine eigenen Wünsche verletzen!!
Du tust dir am Ende damit nur selbst weh!
Die Kampfklasse der Lesebrillenschlange Gowther ist nach wie vor 3100...
GRUNZ
... und die der angehenden Heiligen Ritterin mit dem Schmollmund Jericho 280...?
Hm, kleine Fische.
Das wird ein Kinderspiel! Meine Kampfklasse war mal 3000, aber ich habe jetzt mehr Magie, also sollte sie um ein Vielfaches gestiegen sein. Das heißt, ich hab so um die 100.000. Also keine Sorge, Schnauzbärtchen!
GRUNZ
He !!!
SCHNAUB
Nun... äh...!
WOOOOOSH

I...Ich hab doch nur das Bier für das große Fight-Fest geliefert...
Ich wollte gar nicht mitmachen!!
Könnte ich nicht einfach kampflos ausscheiden?!
FLATTER
Keine Ausnahmen!
Du wurdest ausgewählt, also kämpf wie ein Mann!
D... Dann ändert bitte die Regeln!!
Ich kenne Gowther seit Ewigkeiten, und obwohl ich Jericho noch nicht so lange kenne, sind mir beide liebe und teure Freunde geworden!!
Ich kann meine Freunde nicht umbringen, auf gar keinen Fall!!
Escanor...

Gerade deshalb ist das Ganze doch so unterhaltsam!
Ahaha!
ZUCK
...
Wenn es darum geht, eure eigenen Wünsche zu erfüllen, tut ihr die grausamsten Dinge...
Ihr Menschen wart schon immer von Natur aus das niederträchtigste Volk!!
H... H... H... Hauptmann!!!
Was soll ich jetzt machen?
Jämmerlicher Wurm! Ich sehe in ihm nichts als Angst.
»Hauptmann« ...?
Dann scheint er ein alter Freund von Meliodas zu sein...

Hmm... Aber man kann ihm nach wie vor nicht ansehen, was er denkt...
Selbst mit meinem magischen Auge kann ich weder sein Gesicht noch sein Herz durchschauen.
Wollen wir eine Wette abschließen? Ob er etwas unternimmt, um seine Freunde zu retten... oder ob er sich einfach beim Fest amüsiert?
Sei nicht albern, Schnauzbärtchen! Das ist doch nur ein Fest! Da bringt man sich nicht gegenseitig um!
TRIPPEL TRAPPEL
H... Hast du bei den Regeln zugehört?
Hä...?
...
gruuunz Echt jetzt?!
SCHÜTTEL SCHÜTTEL
Wenn wir mit unseren Freunden brechen, tun wir genau das, was die Zehn Gebote wollen!!!
Freunde?

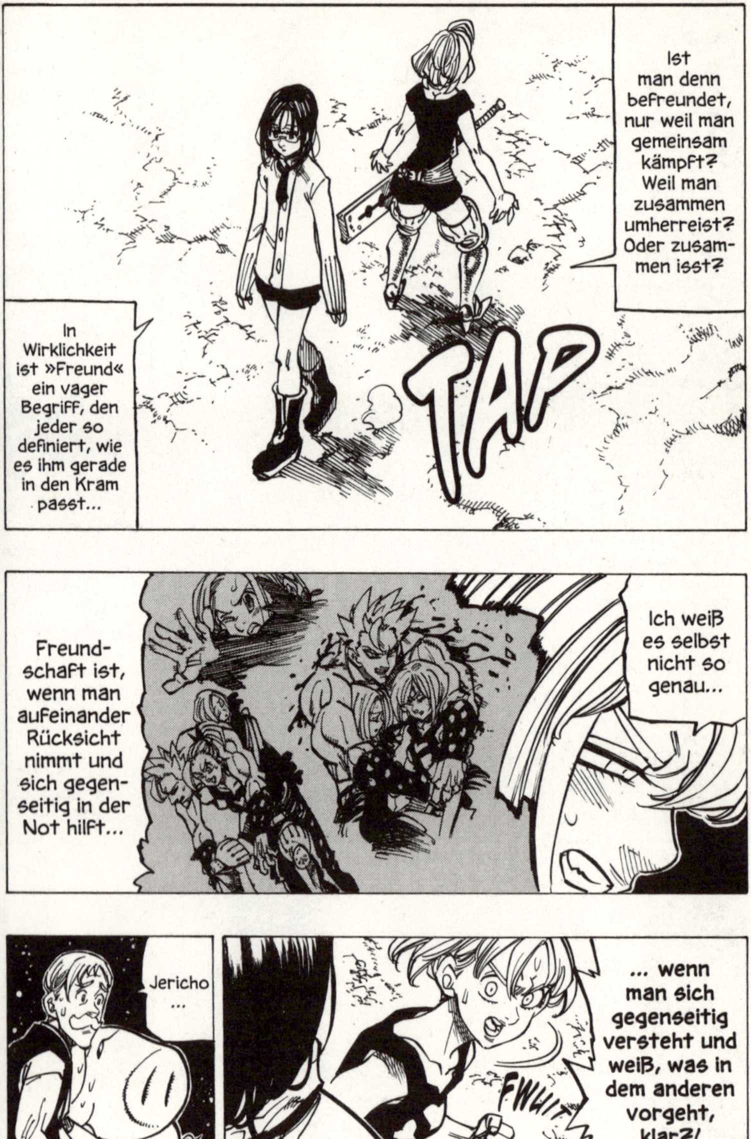
Ist man denn befreundet, nur weil man gemeinsam kämpft? Weil man zusammen umherreist? Oder zusammen isst?
In Wirklichkeit ist »Freund« ein vager Begriff, den jeder so definiert, wie es ihm gerade in den Kram passt...
TAP
Ich weiß es selbst nicht so genau...
Freundschaft ist, wenn man aufeinander Rücksicht nimmt und sich gegenseitig in der Not hilft...
... wenn man sich gegenseitig versteht und weiß, was in dem anderen vorgeht, klar?!
FWUIT
Jericho ...

Beneidenswert.
Jetzt will ich umso mehr ein Herz!
Gowther ...!!
FWOSH
Du Hohlbratze!

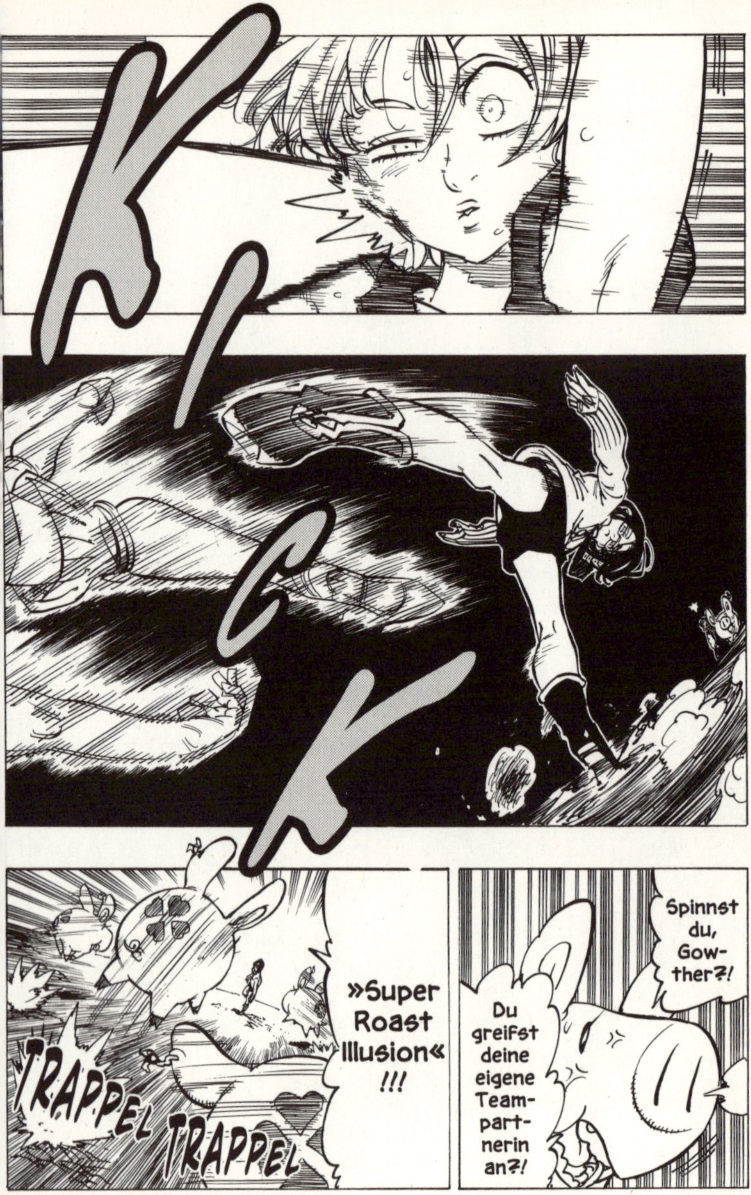
KICK
Spinnst du, Gowther?!
Du greifst deine eigene Teampartnerin an?!
»Super Roast Illusion« !!!
TRAPPEL TRAPPEL

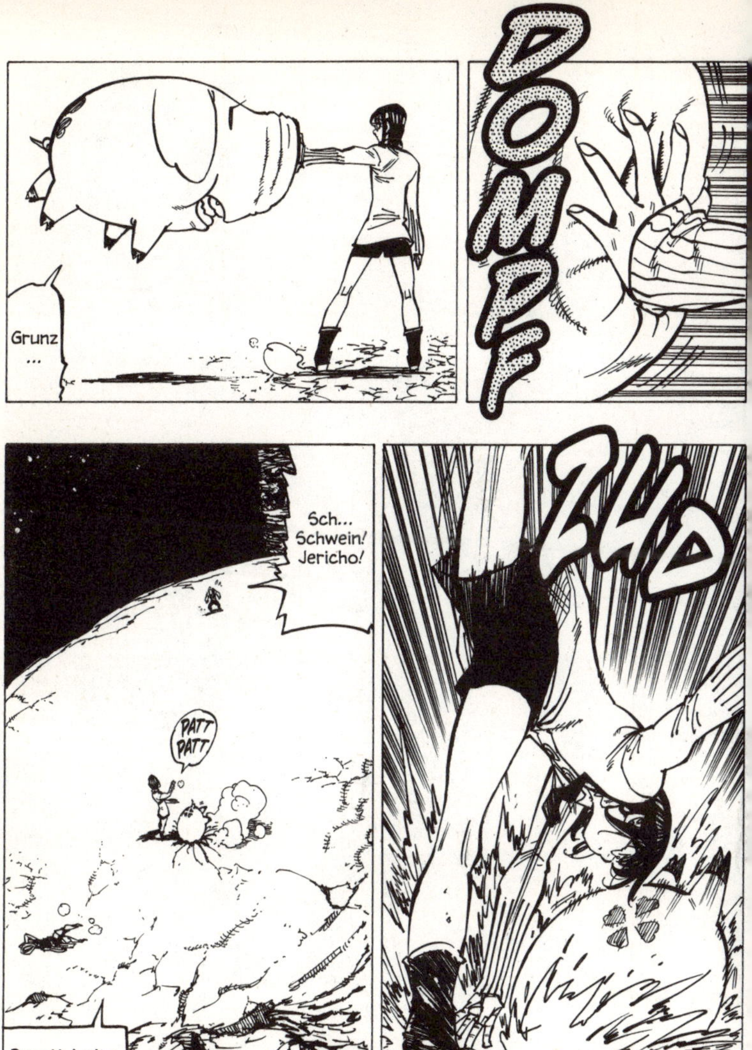
DOMPF
Grunz ...
ZUD
WOSH
Burgh!!!
Sch... Schwein! Jericho!
PATT PATT
Damit habe ich alle beseitigt, die meinem Wunsch im Weg standen.

Eigentlich wollte ich weder beim Hauptmann der Reste-vertilgung noch bei den anderen meine Magie einsetzen, aber...
ZUCK
Magie 5. Kampfkraft 5. Energie 5. Kampfklasse 15.
»Jack«!
DWOMM
H...Hör auf, Gowther! Ich will nicht gegen dich kämpfen!
Aber aus Respekt vor der Todsünde des Hochmuts mit dem Symbol des Löwen...
... werde ich dich mit meiner ganzen Macht besiegen!
BRBRBRZ
BRZ
Awa-wah!
BRZ BRZ
BRZ
M...Mein Körper gehorcht mir nicht mehr...
TAP TAP
SUSH

BATSCH
»Nightmare Teller«!
...or!
Escanor!
W...Wer ruft mich da?
Escanor! Das klingt gut...

Ein guter Name.
Wir ziehen ihn zu einem lieben, starken Jungen heran.
Papa... M... Mama...?!
B... Bin ich das?
Mein großer Bruder Daymond ...
Du freches kleines Aas!
Ständig lässt du dich von Mama und Papa verhätscheln!
Nimm das! Und das!
KICK KICK KICK KICK KICK
H... Hör auf!
GRAPP
Du muckst auf?! Dabei bist du der Jüngere von uns!
Lass mich ...
KNACK
GYAAAAH

Prinz Daymond! Was ist passiert?!
Escanor hat mir den Arm gebrochen!!!
Argh ...
Ein Monster...
Escanor! Wie siehst du denn aus...?!
Prinz Escanor, ich stehe auf Eurer Seite!
...
Das ist nicht mein Sohn!
Ein fürchterlicher und mächtiger Fluch...
N... Nein ...
Wenn wir ihn am Leben lassen, wird das Königreich sicher von einer großen Katastrophe heimgesucht werden!
Der Prinz ist geflohen!
Tötet ihn, wenn ihr ihn findet! Er darf nicht entkommen!
Springt schnell in dieses Fass!
Ich möchte aber nicht allein fliehen...
RAUSCH

Prinz Escanor... Bitte gebt gut auf Euch acht!
Rosa ...
Hilfe!!
V...
Vielen Dank.
Ieks! Vor dem hab ich Angst!
Das ist kein Mensch ...
Du bist tatsächlich so interessant, wie die Gerüchte besagen. Willst du uns nicht unterstützen?
Duz mich gefälligst nicht! Wir kennen uns doch gar nicht...

Ich bin die Zauberin Merlin...
Und das ist Meliodas, der Hauptmann unseres Ritterordens!

H...Hast du denn keine Angst vor mir, Merlin?
Warum?
Angst ist eine Emotion, die durch Unwissenheit entsteht. Ich bin eher fasziniert von dem Geheimnis, das dich umgibt.
So was Schönes hat noch nie jemand zu mir gesagt...
Oho! Dann bist du also in Merlin verliebt?
W...W... Warum fragst du das?!
Hihihihi!
BRZ
Dann... ist es also das, was ich empfinde...?
Wenn ich sie nur sehe, versetzt es meinem Herzen einen Stich...
Und wenn ich ihre Stimme höre, fängt es zu hüpfen an...

Keine Ahnung.
Ich selbst habe ja kein Herz.
?
Gowther ...
Du bist in mich verliebt?
!!!
M... Merlin... Wie lange ...
... stehst du schon dort?!

Entschuldige, aber ich beschreite keine Wege mit jemandem zusammen...
... der keine Zukunft hat...

M... Merlin?
Niemand kann dich jemals von diesem Fluch befreien...
Er ist so mächtig, dass er dich am Ende zerfressen wird!
Ah...
Du bist sowieso nur ein Forschungs-objekt für mich!
Aah!
Niemand könnte dich jemals lieben! Du wirst einsam und allein sterben, Escanor!!
AAAAAAAH...

BRZ
Dein Bewusstsein wird niemals aus der Finsternis dieser Verzweiflung zurückfinden.
Ich weiß, Merlin ...
!!
Aber... das ist mir egal.
Warum ...?
Du bist für mich nicht diejenige, mit der ich gemeinsam Wege beschreite ...
Du hast mir den Weg erleuchtet, als ich in der Finsternis wandelte ...

Weil du meine Sonne bist!
BUBUMP
Gowther, du hast mich nicht verzweifeln lassen...
KRK
KRK
... sondern mir Hoff-nung ge-schenkt!

Na schön!! Wer die Todsünde begeht, mit den Gefühlen anderer zu spielen...

... der muss dafür büßen!!!!

BONUSMANGA: »DAS ABENTEUER VOM RITTERORDEN ZUR RESTEVERTILGUNG« ③

Ende

KAPITEL 170: WEM GILT DER LICHTBLITZ?

KNICK KNACK
Welch unerwartetes Ergebnis.
SCHWEL
KOKEL
KOKEL
Ich hätte nicht gedacht, dass deine Gefühlswelt auf ein falsches und abstraktes Abbild der Sonne so reagieren würde.
RITSCH
RRRR

Esca... nor...
Wie...? Es ist doch mitten in der Nacht...
PLOPP
Pfwah!
Wieso ist es plötzlich so schwül hier?
KOKEL KOKEL
Hm?
S... Seine Kampfklasse ist 28.800?!
W... Wer ist dieser Typ?!
Was ist das für ein Monster?!
Seine Kampfklasse übersteigt sogar die von Galand! Wirklich sehr interessant...
Das ist doch eine Pseudoverwandlung! Deine Kampfklasse ist viel niedriger als bei deiner richtigen Form... Und diese Form kannst du sowieso nur ein paar Sekunden halten.
FWUPP

WHOOSH
Mehr brauche ich auch nicht!
WRP
SWOPP
?

BLINZEL☆
Grunz?! Was ist jetzt los?!
SCHWUMMER
I...Ich seh alles nur noch verschwom-men!
STARR
Gib mir meine Brille zurück!!
BRZ BRZ BRZ BRZ BRZ
»Gatling Jack«!
!!
Waaaah!! So ein Chaos!!

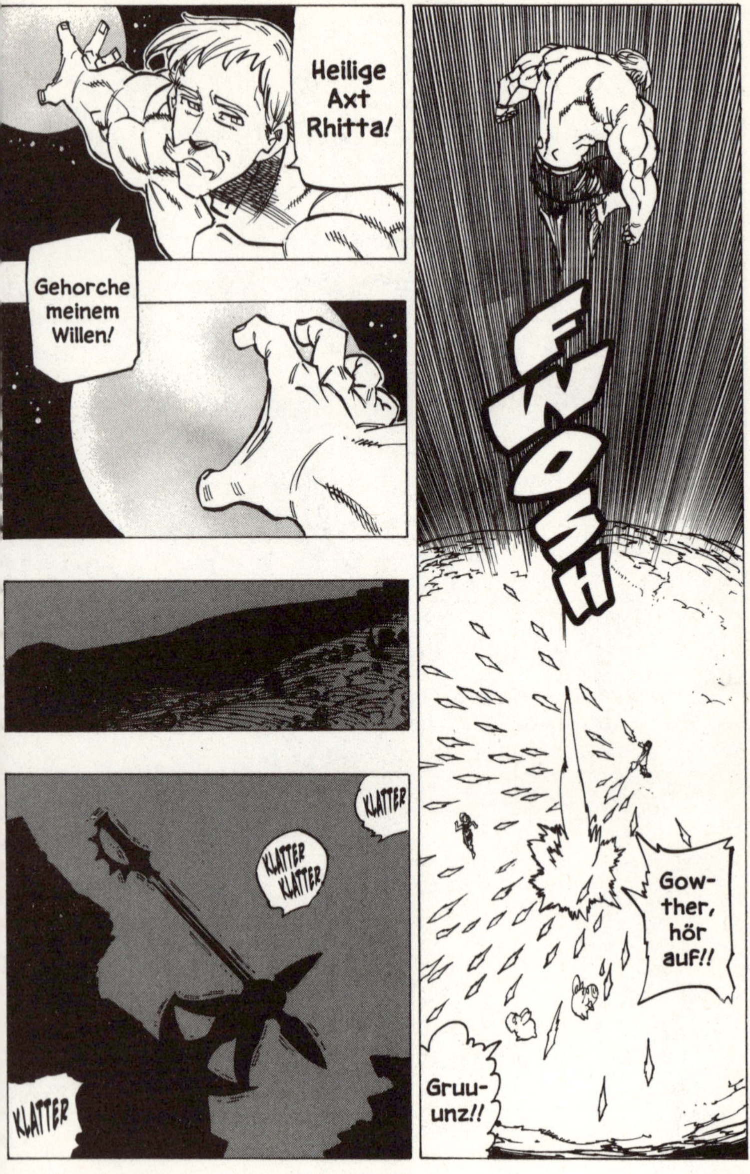
FWOSH
Gow-ther, hör auf!!
Gruu-unz!!
Heilige Axt Rhitta!
Gehorche meinem Willen!
KLATTER
KLATTER KLATTER
KLATTER

DWOSH
ZUCK
?!!
Irgendwas ist gerade mit Karacho an uns vorbeigeflogen...

Ent-
fesse-
lung...
... des
Insignes
!!
GRAPP

ZWOSH
W... Was zum ...?!
Die Sonne... mitten in der Nacht?!
Er wird doch nicht ...
...
Diese Magie ist auf dem Niveau von Estarossa!
Ich werd verrückt!
Was hat er vor?!
...

Escanors ungewöhnlicher Körper wird immer stärker, je höher die Sonne steigt, und ist um die Mittagszeit auf dem Höhepunkt seiner Kraft...
Von ihm geht eine unvergleichliche Macht und Hitze aus, die alles um ihn herum zu Staub und Asche verbrennt.
Escanors Insigne, die Heilige Axt Rhitta, besitzt die besondere Eigenschaft »Charge & Fire«, die diese enorme Hitze absorbieren, speichern und nach Belieben abfeuern kann.

Tss!
FWOSH
BLOCK
Lass mich durch, Hauptmann!
Wir müssen ihn aufhalten, sonst beißen der Meister und Jericho gemeinsam mit Gowther ins Gras!
Willst du ihnen etwa beim Sterben zusehen?!
WRRROOSH
Vertrau auf Escanor, Ban!
...
Plötzlich hat sich der Spieß gedreht, was?
Das nenne ich ein Fight-Fest!

Wer die Todsünde begeht, mit den Gefühlen anderer zu spielen...
... muss dafür büßen!!!
WRRROOOSH
SUSH
Dann komm doch!
Automatischer Verfolgungsmodus des Zwillingsbogens Harlit...
»Blackout Arrow«!

BLITZ

BOOM

FWOOOOOOOSH
RSH
RSH
RSH RSH RSH RSH RSH
BRZ
BRZ BRZ BRZ

FLICK
WIRBEL
DADOSH
Ich... lebe noch ...?
GUCK
GUCK
HUST
BRZZ
Ich hab gewonnen!
Hauptmann der Restevertilgung, gib mir meine Brille zurück!
FUNKEL
J... Jawohl!
STARR
TRIPPEL TRAPPEL
H... Hier, bitte.
Escanor...
STAUB RIESEL

TSCHACK☆
Gewonnen?! Soll das ein Witz sein?
Ich stelle nur fest. Er liegt am Boden, und ich stehe noch.
Gowther ...
Verstehst du nicht, was in Escanors Herzen vorging?!
In seinem Herzen ...?
Er war eindeutig sauer auf mich...

STAUB RIESEL
Escanor hat dir gegenüber Herz gezeigt!!!
Glaubst du das immer noch, wenn du das da siehst?!
TAP
?
»Wer die Todsünde begeht, mit den Gefühlen anderer zu spielen...
SPÄH
... muss dafür büßen !!!«

FORTSETZUNG IN BAND 22

BONUSMANGA: DIE NACKTEN GEFÜHLE

STURM
Dwaaaaaaaaaaah!!!
FWUPP
GWONN
UFF!!

Hmpf!
KLANK
Yah!
Hah!
KLANK KLANK
KLANK
Teh!
Rwah!
FWOSH
PATT
Genug für heute!
hust
KRÜMM

Auch wenn du eine Heilige Ritterin bist...
KLAMMER
... ärgert es mich, von einem Mädel grün und blau geprügelt zu werden, das so alt ist wie meine kleine Schwester ...
Ich möchte meinen Gegner eben mit einem einzigen Schlag fertigmachen!
Ich sag's Euch immer wieder: Wenn Ihr so weit ausholt, sieht man Eure Schläge kommen und Eure Seite bleibt ungeschützt.
Das wird problemlos klappen, solange Ihr gegen einen Stein oder eine Vogelscheuche kämpft.
FWASH
Urgh ...
Aber falls Ihr vorhabt, gegen jemanden zu kämpfen, der sich bewegt ...
... dann müsst Ihr Euer Training grundlegend umstellen, Majestät!
Ts!
Verzeiht meine Unhöflichkeit.
Das macht doch ...
... nichts!
BWONK
Aua!

FREU
W... Was sollte das?!
Unachtsamkeit ist auch für Heilige Ritter ein Feind! Und du kannst ruhig Veronica zu mir sagen...
Ah, Veronica, ist dein Training schon vorbei?
TACK
ZERBEULT
Entschuldigt uns!
SCHNIEF
Tss...
Prinzessin Veronica, ich rate Euch, ab morgen eine Schutzrüstung zu tragen.
Danke für deinen Rat, aber wenn's wehtut, prägt sich das Training besser ein.
Außerdem trägst du doch auch keine Schutzrüstung.
Stimmt. Aber das würde ich, wenn auch nur eine einprozentige Chance bestehen würde, dass Ihr mich trefft.
GRMPF
Immer wieder Salz in die Wunde...
TACK
TACK
Verzeiht meine Unhöflichkeit.
Wo sind wir überhaupt?
SCHLEUDER
In einem unterirdischen Bad.

Hepp!
SCHWUPP
Hyah?!
WRUSH
ICK
Schon wieder nicht aufgepasst!
SPLOSH
SPLISH
Was zum ...?!
HUST
HUST
Du gehst nach dem Training immer sofort nach Hause, aber ab und zu könnten wir doch auch mal gemeinsam unseren Schweiß abwaschen, oder?
HUST
SPLOSH
Mein kleiner Bruder ist allein zu Hause und wartet auf mich!

Ich hab ihn ins Schloss bringen lassen.
Ihr habt Zeal ...?
SWISH
Ich habe euch beiden ein Zimmer im Schloss herrichten lassen.
Gillar, du bist ab heute meine offizielle Schwertkampftrainerin!
...
Ich bin die zweite Prinzessin des Königreichs, das ist mein ausdrücklicher Befehl!
Ich versteh nicht, was Ihr Euch dabei denkt!!
SPLOSH
Ich habe versucht, Euch umzubringen!!
Aber ich lebe noch und habe das längst vergessen...
Außerdem möchte ich so stark werden, dass ich selbst jemanden beschützen kann. Hilf mir dabei, okay?
SPLISH
Gillar... Du hast sogar das Blut von einem Dämon getrunken, damit du deinen Bruder beschützen kannst. Das war zwar keine gute Entscheidung, aber...
ZASH

Wäre ich du gewesen...
... hätte ich das Gleiche gemacht, um Ellie zu beschützen!
Außerdem macht es mir Mut, dass jemand noch flacher gebaut ist als ich!
Da können wir beide noch dran arbeiten, was?
GRAPSCH
Uwh!
P... Prinzessin Veronica!!
PWAMM
Aua! Ich bin älter als du, also etwas mehr Respekt bitte!
Das könnt Ihr knicken!

Ende

Seven Deadly Sins

Tauche ein in die Welt der Magier und Gilden

FAIRY TAIL

Verrückte Magier, mächtige Zauber, geflügelte Katzen und gefährliche Monster – das ist die Welt von »Fairy Tail«. So nennt sich eine Gilde von sympathischen Outlaws, die mit ihren Zauberkünsten gegen das Böse in der Welt zu Felde ziehen. Mehr als einmal schießen sie dabei über das Ziel hinaus…

FAIRY TAIL
von Hiro Mashima

CARLSEN MANGA!

www.carlsenmanga.de

»PLUS ULTRA«!!
Viele Menschen verfügen über Kräfte, die MACKEN genannt werden. Dass sie ausschliesslich für die Gerechtigkeit eingesetzt werden, hat niemand gesagt. Aber wo auch immer das unausweichliche Übel lauert, sind auch wir HELDEN nicht weit! Hm? Du willst wissen, wer ich bin? HA HA HA HA HA! Schnall dich an, Kurzer, und greif nach deinen Träumen!
MY HERO ACADEMIA
Vol. 1 IZUKU MIDORIYA – ORIGIN
KOHEI HORIKOSHI
CARLSEN MANGA!
MY HERO ACADEMIA
KOHEI HORIKOSHI
www.carlsenmanga.de
CARLSEN MANGA!
BOKU NO HERO ACADEMIA © 2014 by Kohei Horikoshi/SHUEISHA Inc.

schwerste Sünde begangen?

◀ ◀ ◀ Vorschau auf den nächsten Band!

Band 22 ist ab November im Handel erhältlich!

Deutsche Ausgabe/German Edition
Carlsen Verlag GmbH · Hamburg 2018
Aus dem Japanischen von Yvonne Gerstheimer

First published in Japan in 2016 by Kodansha Ltd., Tokyo
Publication rights for this German edition arranged through Kodansha Ltd.
Redaktion: Philipp Nakata
Textbearbeitung: Steffen Haubner
Herstellung: Tobias Hametner

MIX
Papier aus verantwortungsvollen Quellen
FSC® C083411

ISBN: 978-3-551-73491-4